तेरी दीवानी

तेरी दीवानी

शब्दों के पार

कैलाश खेर

पेंगुइन स्वदेश
पेंगुइन रैंडम हाउस इंप्रिंट

पेंगुइन स्वदेश

पेंगुइन स्वदेश, पेंगुइन रैंडम हाउस ग्रुप ऑफ़ कंपनीज़ का हिस्सा है,
जिसका पता global.penguinrandomhouse.com पर मिलेगा

पेंगुइन रैंडम हाउस इंडिया प्रा. लि.
चौथी मंजिल, कैपिटल टावर 1, एमजी रोड,
गुरुग्राम 122002, हरियाणा, भारत

पेंगुइन
रैंडम हाउस
इंडिया

यह हिंदी संस्करण पेंगुइन स्वदेश में पेंगुइन रैंडम हाउस द्वारा 2025 में प्रकाशित

सहयोगः कैलासा एडवर्टाइजिंग प्राइवेट लिमिटेड

10 9 8 7 6 5 4 3 2 1

यह पुस्तक एक नॉन-फ़िक्शन कृति है। पुस्तक में व्यक्त किए गए विचार केवल लेखक के हैं और किसी अन्य व्यक्ति के विचारों और राय को प्रतिबिंबित या प्रतिनिधित्व नहीं करते हैं।

ISBN 9780143452997

टाइपसेटिंग : डीजीअल्ट्राबुक्स प्रा. लि., नई दिल्ली
मुद्रकः रैप्लिका प्रेस प्रा.लि., इंडिया

www.penguin.co.in

FSC www.fsc.org MIX Paper | Supporting responsible forestry FSC™ C016779

सूची

समर्पण

'जीते तो सभी हैं, कुछ बोझल और कुछ ओझल'

. . .परंतु हमें ऐसे जीवन अत्यंत प्रभावित करते हैं जिनका जीना, और जीवन शैली अन्य को प्रेरित करें।

यह पुस्तक हम अपने माँ-पिता जी व समस्त गुरुओं के चरणों में समर्पित करते हैं। जिनके जीवन तथा व्यक्तित्व से हमने सब कुछ सीखा। हमारा लालन-पालन संतों-महात्माओं के सान्निध्य में हुआ, हमारे हर कृत्य में, हर सत्य में वह अनुभूति है जो हमारे संपर्क में आने वाले हर प्रकार के व्यक्ति करते हैं।

जब हमसे पूछा गया, 'आप स्वप्न क्यों नहीं देखते?' हमने अनायास ही बोल दिया 'इसलिए कि स्वप्न स्वयं हमें देखते हैं।'

सुनने में बात थोड़ी अनोखी लगी, परंतु हम पर सिद्ध हुई, क्योंकि हम सोचते नहीं, महसूस करते हैं, तो शेष सब कुछ परमात्मा हमारे भीतर रहकर रचना करते हैं।

जैसे सब बोलते हैं, लिखते हैं, हम उसी को अलग प्रकार से कहते, बोलते, गाते, और लिखते हैं। और जब यह बात जनमानस (परमात्म रूप) ने स्वीकार कर ली तो बहुत निवेदन आए कि कैलाश जी की लेखन शैली पर भी पुस्तक आनी चाहिए, अब आप सबके प्यार और उत्साहवर्धन से अब यह संभव हो रहा है ।

शुभेच्छाएँ व आशीर्वचन

आपके सभी सपने पूरे हों

प्रिय कैलाश जी,

50 वर्ष की आयु प्राप्त करना एक विशेष रूप से उल्लेखनीय मील का पत्थर है। यह एक ऐसा दिन है जो आपके जागने के क्षण से ही अलग हो जाता है।

मैं इस अवसर पर आपको आपके जीवन की स्वर्ण जयंती की शुभकामनाएँ देना चाहता हूँ। आपका परिवार, मित्र और समर्थक निस्संदेह इसे एक बहुत ही खुशी का अवसर बनाएँगे, और यह पुस्तक इस ऐतिहासिक दिन की याद दिलाएगी।

मैं आपके लंबे, खुशहाल और स्वस्थ जीवन की कामना करता हूँ। आपके सभी सपने पूरे हों।

हार्दिक शुभकामनाओं के साथ,

–अमिताभ बच्चन

गौरवान्वित हुआ हिंदी फिल्म उद्योग

वर्ष 2003-04 के आसपास रिकॉर्डिंग सत्रों के दौरान एक आकस्मिक मुलाकात में, मैंने खुद को प्रतिष्ठित गीतकार महबूब के साथ एक अनौपचारिक बातचीत में व्यस्त पाया। मुझे स्पष्ट रूप से याद है कि मैंने एक विशेष गीत के लिए दिग्गज नुसरत साहब जैसी आवाज़ की आवश्यकता व्यक्त की थी। मेरे आश्चर्य के लिए, महबूब ने मुझे कैलाश खेर नाम के एक व्यक्ति से मिलवाया, जिनकी आवाज़ में वही देहाती सार था जिसकी मुझे तलाश थी। उन्होंने विनम्रतापूर्वक कैलाश से संपर्क का विवरण साझा किया, जिससे मेरी इस विनम्र और आध्यात्मिक व्यक्ति से पहली मुलाकात हुई।

हमारी यात्रा फिल्म मंगल पांडे से शुरू हुई, और वहाँ से, कैलाश ने हमें आत्मा को झकझोर देने वाली सूफी धुनों की एक शृंखला के साथ मंत्रमुग्ध कर दिया। उनकी शानदार आवाज़ ने उद्योग पर एक अमिट छाप छोड़ी, क्योंकि उन्होंने प्रतिष्ठित फिल्म 'स्वदेस' के 'यूँ ही चला चल' जैसे प्रतिष्ठित ट्रैक में सहजता से जान डाल दी। पिछले डेढ़ दशक में कैलाश ने अपनी अलग आवाज से हिंदी फिल्म उद्योग को गौरवान्वित किया है और संगीत के क्षेत्र में एक अपरिहार्य व्यक्ति बन गए हैं।

कैलाश के ज्ञान का खजाना उनकी मधुर गायन क्षमताओं से कहीं आगे तक फैला हुआ है। हिंदी शब्दावली की उनकी गहन समझ और सूफियों और संतों के साथ उनके गहरे जुड़ाव ने उनकी कलात्मकता में चार चाँद लगा दिए हैं। उनके साथ काम करना हमेशा खुशी का स्रोत रहा है और मैं उनके और भी ऊँचाइयों पर पहुँचने की कामना करता हूँ।

दिलचस्प बात यह है कि कैलाश ने अपने डेब्यू एलबम कैलासा के निर्माण के लिए मुझसे संपर्क किया था। अफसोस की बात है कि उस समय विदेश में मेरी प्रतिबद्धताओं ने मुझे इस प्रोजेक्ट को करने से रोक दिया। फिर भी, मैं कैलासा के गठन को देखने में बहुत गर्व महसूस करता हूँ, यह बैंड कैलाश की संगीत विरासत को कायम रखता है और आज भी फल-फूल रहा है।

–एआर रहमान

लिखी दिल की बात

तेरी दीवानी हमारे समय के सबसे बेहतरीन कलाकारों में से एक, श्री कैलाश खेर द्वारा लिखे गए गीतों के बोलों के पीछे की घटनाओं का एक अद्भुत संकलन है। कैलाश जी ने ख़ुद इस पुस्तक में अपने दिल की बात लिखी है। क्योंकि उन्होंने अपने हर गीत के बोलों के पीछे की कहानी बताई है, जो संगीत जगत में छा गए और 'मेगा हिट' बन गए।

आपकी पहली एलबम *कैलासा* से आपके भीतर के कलाकार से परिचय होने के बाद, मैं आपके हर गीत के उच्चस्तरीय संगीत और गहन बोलों से बहुत प्रभावित हुई हूँ। आपकी आवाज़ इतनी अनोखी है कि संगीत प्रेमी और आम लोग, दोनों ही आपके हर गीत को ध्यान से सुनने के लिए तत्पर रहते हैं। आप जब कोई गीत गाते हैं, तो आपके सुर श्रोताओं के दिलों पर अमिट छाप छोड़ जाते हैं। वास्तव में, जब 'तेरी दीवानी' गाना रिलीज़ हुआ, तो उसने ऐसा दिल छू लिया, जिसे कोई भी संगीत प्रेमी कभी नहीं भूल पाएगा। आप वास्तव में संगीत उद्योग के लिए पथ-प्रदर्शक रहे हैं, जिन्होंने एक कलाकार के रूप में संगीत के एक नए युग की शुरुआत की।

आपने सभी बाधाओं को तोड़ दिया है और भारतीय संगीत को पूरी दुनिया में सभी उम्र के लोगों तक ले गए हैं। यह कोई आश्चर्य की बात नहीं है कि आप पद्मश्री से सम्मानित सबसे कम उम्र के लोगों में से एक थे।

इस पुस्तक के नियोजन पर मेरी हार्दिक बधाई। मुझे यकीन है कि यह दुनिया भर के युवाओं और महत्वाकांक्षी संगीतकारों को प्रेरित करेगी क्योंकि वे आपके गीतों को पढ़ेंगे और संगीत की दुनिया में उस तरह की ऊँचाइयों तक पहुँचने के लिए आपके गीतों का अनुसरण करेंगे। आपकी कड़ी मेहनत हमेशा *तेरी दीवानी* पुस्तक में चमकेगी।

यह एक अद्भुत पुस्तक है, और मैं आपको इसके लिए शुभकामनाएँ देती हूँ। यह आने वाली कई और ऐसी अद्भुत पुस्तकों में से पहली हो!

शुभकामनाएँ,

–हेमा मालिनी

एक ख़ूबसूरत उपलब्धि

कैलाश जी,

तनुजा चंद्रा की फिल्म के लिए मुंबई स्टूडियो में एक गीत रिकॉर्ड करने के समय आपसे पहली बार मिलने के बाद मैंने आपका संगीत अधिक सुनना शुरू किया था, जिसमें मेरा पसंदीदा गीत 'सैंयाँ' भी शामिल है। मैं नए संगीत, ख़ासतौर पर भारतीय संगीत की दिशा में आपकी क्रमिक प्रगति देख रहा हूँ।

हमारा साथ एक और मील का पत्थर रहा है। क्योंकि मुझे वो दिन याद हैं, जब हमने बाहुबली के गीतों पर काम किया था। आपकी आवाज़ वाक़ई कई पीढ़ियों के लिए अनूठी है। आपका काम हर एलबम, हर सिंगल के साथ चमकता रहा है। आपकी सफलता कुछ ऐसी है जिसके लिए आपने कड़ी मेहनत की है, जो लाखों लोगों को प्रेरित करती है। मैं कला के प्रति आपके मूल्यों, हमेशा अपनी अनूठी आवाज़ और व्यावहारिक गीतों के साथ नई ऊँचाइयों को छूने की कोशिश की सराहना करता हूँ। इतने सालों में आपने जो कुछ भी हासिल किया है, उसके लिए मैं आपको सलाम करता हूँ, यह वाक़ई एक किताब से निकली कहानी है।

और किताब की बात करें तो, यह आपकी कई उपलब्धियों में एक और ख़ूबसूरत उपलब्धि है। कहानियों की गहराई निश्चित रूप से पाठकों और देशभर के महत्वाकांक्षी संगीतकारों को मंत्रमुग्ध और प्रेरित करेगी। मैं आगे भी वर्षों तक आपकी सफलता और ख़ुशी की कामना करता हूँ, और आशा करता हूँ कि जल्द ही आपकी ऐसी कई और अद्भुत किताबें पढ़ने को मिलेंगी!

–मरकथामणि कीरवाणी

गुणवत्ता का बेहतरीन संतुलन

कैलाश खेर के बारे में ऐसा क्या कहा जा सकता है जो पहले न कहा गया हो। दुनिया उन्हें बेहतरीन भारतीय गायकों और गीतकारों में से एक के रूप में जानती है।

मैं यह कहते हुए सम्मानित महसूस करता हूँ कि कैलाश भाई मेरे मुँह-बोले भाई की तरह हैं। हम जिस भगवान की पूजा करते हैं, उसके प्रति हमारी एक जैसी भक्ति है: भगवान शिव। हम अपनी मातृभूमि के प्रति एक जैसी भावना रखते हैं: भारत माता। कैलाश भाई ने जो हासिल किया है, उसके लिए मेरे मन में बहुत सम्मान है।

कई लोग कहते हैं कि लोकप्रियता हासिल करने के लिए आपको सबसे निचले स्तर के लोगों से अपील करनी चाहिए। इसमें एक कलाकार को गुणवत्ता की तलाश छोड़ देनी चाहिए। कैलाश भाई ने साबित कर दिया है कि ऐसा होना ज़रूरी नहीं है। उन्होंने एक बेहतरीन संतुलन स्थापित किया है, जहाँ कोई भी व्यक्ति ऐसे गाने बना सकता है जो सुपरहिट हों, और फिर भी उसके शब्द/संगीत इतने शानदार हों कि वे समय की कसौटी पर खरे उतरें। यह एक दुर्लभ संयोजन है।

कैलाश भाई और उनका बैंड *कैलासा* यह काम बड़ी सहजता से करते हैं। यह किताब उनके 50 क्लासिक गानों के बोल और उनके अस्तित्व के पीछे की कहानियों को समेटे हुए है। इस किताब को पढ़ें और अपने पसंदीदा गानों को और भी गहराई से जानें। तभी कोई मेरे भाई कैलाश की असली प्रतिभा को समझ सकता है!

–अमीश त्रिपाठी

"हीरे मोती, मैं न चाहूँ
मैं तो चाहूँ, संगम तेरा"

प्राक्कथन

कई बार नदी के तट पर हमें चमचमाते हुए, गोल तराशे हुए सुंदर से पत्थर मिलते हैं और हमें आश्चर्य होता है कि किसने इन्हें तराशा होगा, किसने इन्हें यह रूप दिया होगा! सत्य यह है कि ये वे प्रस्तर खंड हैं जिन्हें प्रकृति अपने हाथों से तराशती है, युगों-युगों तक अपनी मस्ती में लुढ़कते, टकराते, संघर्षों से संवाद करते-करते एक दिन ये हमें नदी के तट पर मिल जाते हैं। कैलाश जी ऐसी ही प्रतिभा हैं और जीवन नदी के तट पर ऐसे ही सौभाग्य से हमको मिल भी गए हैं।

उनकी कृतियों में एक स्वाभाविक लय है, जहाँ एक ओर धीमी आँच पर पके अनुभवों की गंध है और दूसरी ओर एक बालसुलभ पारदर्शिता भी। अंदर की लौ जली हो, तो बार-बार आप बाहर किसी चीज की तलाश में नहीं उलझते। कैलाश जी के अवचेतन में एक दीप सदा ही प्रज्ज्वलित प्रतीत होता है।

उनकी कृतियों पर मेरी अकसर उनसे चर्चा होती रही है और मुझे लगता है बहुत पहले इन कृतियों को पुस्तक रूप में आ जाना चाहिए था, उन्हें समग्र रूप में समझने में इस पुस्तक का बड़ा योगदान रहेगा। हृदय से शुभकामनाएँ कि उनका संगीत सदा अथाह ऊर्जा से संचालित एवं स्वप्र-प्रकाशी रहे। एक स्वतःस्फूर्त प्रकाशपुंज।

–प्रसून जोशी

प्रस्तावना

'दुनिया में जो भी अलग है, लगता वो सबको ग़लत है
शिद्दत से आगे है ज़िद मेरी, और वो भी मुद्दत् तलक है'

गायन केवल रंग होता है, किंतु रंगों को उकेरने वाला मन होता है। यानी हमारे मन से अनोखे शब्द, वाक्य, अनोखी धुन व ध्वनियों जैसे रंग निकलते हैं, जो लोग बचपन से ही थोड़े विलक्षण होते हैं, थोड़े अलग होते हैं, उन्हें यह संसार स्वीकार नहीं करता अपितु उनको तिरस्कार का सामना करना पड़ता है।

हमारा बोलना,शब्दों व वाक्यों का हमारा चयन, यहाँ तक कि हमारी गायिकी में भी हम क्या गाएँगे, यह बहुत अलग था। किशोरावस्था में हमसे पूछा जाता था :

क्या फ़िल्मी गाते हो?, हमने कहा — नहीं
क्या ग़ज़ल गाते हो?, हमने कहा— नहीं
तो क्या शास्त्रीय गाते हो?, हमने कहा— नहीं
तो क्या भजन गाते हो?, हमने पुनः कहा— नहीं

तब एक महात्मा ने उत्तर दिया- 'यह बालक हृदय गाता है, आत्मा से सुर निकल कर परमात्मा को छू कर आती है इसकी वाणी।'

जब *कैलासा* को विश्वस्तरीय पहचान मिली तो स्वतः विश्व ने इन गीतों को 'आध्यात्मिक' कहना प्रारंभ कर दिया और कहने लगे — इनके प्रेम (रोमांटिक) गीतों में भी आध्यात्मिक झलक है।

हमने अपनी गायन शैली को नाम दिया 'कैलासा' इसका अर्थ होता है : 'दिव्य, अलौकिक, जहाँ मेरे महादेव विराजते हैं. . . उनका आसन।

कैलासा के गीतों ने बड़े-बड़े महात्मा, बड़े-बड़े संतों को भी परमात्म का अनुभव कराया है तथा इसके के चाहने वालों, प्रशंसकों के घोर अनुनय पर हमने निश्चय किया कि, जहाँ से ये शब्द उपजते है, उसकी अनुभूति, उसका आभास एक पुस्तक के रूप में सच्चे प्रेम, शृंगार, अध्यात्म एवं संगीत के चाहने वालों को भेंट करेंगे।

हमारे पचास वर्ष के पिंजरे (तन) के पूरे होने पर *कैलासा* के चाहने वालों के लिए यह पुस्तक सप्रेम समर्पित।

–कैलाश खेर

कैलासा का हर गीत एक रोचक कहानी है, एक फ़िल्म है, एक चित्रांकन है।

कई बार हम बहुत से संस्थानों में अनेक चित्रकारों से मिले, जब वो बताते थे कि यह पेंटिंग (चित्रांकन) हमने आपका 'सैंयाँ' गाना सुन-सुन के तैयार किया। या कभी कहीं किसी ने बताया — यह मूर्ति आपका 'बम लहरी' सुनते हुए तराशी।

ऐसे भावनात्मक उद्गारों ने हमको उत्साहित किया कि जब पुस्तक लिखेंगे तो पुस्तक भी ऐसी हो कि पढ़ने से पहले ही आपके मन-मस्तिष्क को मोह ले, अर्थात् एक अनोखी कलाकृति, जो सबका मन अपनी ओर आकर्षित करे।

शब्दों, वाक्यों का चयन, अक्षरों की बनावट आदि को चुनने के साथ प्रत्येक पृष्ठ पर गानों और कहानी को चित्रकारी में उकेरना हमारा संकल्प था।

'संकल्प शुद्ध हो तो प्रकृति स्वयं चाह के अनुरूप राह बनाती है।'

संगी-साथी, सहयोगी; उसी को कहते हैं जहाँ बिन बोले बात हो जाए, आँख मूँद दर्शन हो जाए, उनका मन हमारे मन में झाँक कर भावनाएँ आँक ले, तब हर कृति, परमेश्वर की अपार अनुकंपा वृष्टि बन जाती है।

इस पुस्तक में दैवीय चमत्कार तब हुआ जब मेरे महादेव ने सुमौली दत्ता नाम की चित्रकारा भेजी तो जैसे कोई जादू, चमत्कार हुआ, कैलासा के हर गाने, हर कहानी को चित्रकारी में उकेर कर सुमौली ने जैसे सोने-पे-सुहागा जड़ दिया। इसी को कहते हैं, गण मिलना, गुण मिलना ।

लेखन और संपादन में साथ दिया हमारे कैलासा वृंद ने, केईपीएल (कैलासा टीम) ने।
अनंत धन्यवाद!

सहृदय आभार

Kailash Kher

1. तेरी दीवानी

प्रीत की लत, मोहे ऐसी लागी
हो गई मैं, मतवारी
बल बल जाऊँ, अपने पिया को
हे मैं जाऊँ वारी-वारी
मोहे सुध बुध नाय रही. . . तन मन की
ये तो जाने दुनियाँ सारी
बेबस और लाचार. . . फिरूँ मैं
हारी मैं दिल हारी
हारी मैं. . . दिल हारी

तेरे नाम से जी लूँ
तेरे नाम से मर जाऊँ – 2
तेरी जान के सदके में, कुछ ऐसा कर जाऊँ
तूने क्या कर डाला, मर गई मैं, मिट गई मैं
हो हो जी, हाँ हाँ जी, हो गई मैं
तेरी दीवानी. . . दीवानी. . .
तेरी दीवानी. . . दीवानी. . .

इश्क़ जुनूँ, जब हद से, बढ़ जाए – 2
हँसते-हँसते आशिक़, सूली चढ़ जाए
इश्क़ का जादू, सर चढ़कर बोले
जब इश्क़ का जादू, सर चढ़कर बोले
खूब लगा लो पहरे, रस्ते, रब खोले
यही इश्क़ दी मर्ज़ी है
यही रब दी मर्ज़ी है

तेरे बिन जीना कैसा
हाँ ख़ुदगर्ज़ी है
तूने क्या कर डाला, मर गई मैं, मिट गई मैं
हो हो जी, हाँ हाँ जी, हो गई मैं
तेरी दीवानी. . . दीवानी. . .
तेरी दीवानी. . . दीवानी. . .

हे मैं रंग रंगीली. . . दीवानी – 2
हे मैं अलबेली, मैं मस्तानी
गाऊँ बजाऊँ, सबको रिझाऊँ
हे मैं दीन धरम से. . . बेगानी
हे मैं दीवानी. . . मैं दीवानी
तेरे नाम से जी लूँ
तेरे नाम से मर जाऊँ – 2
तेरी जान के सदके में, कुछ ऐसा कर जाऊँ
तूने क्या कर डाला, मर गई मैं, मिट गई मैं
हो हो जी, हाँ हाँ जी, हो गई मैं
तेरी दीवानी. . . दीवानी. . .
तेरी दीवानी. . .
दीवानी. . .

यह गीत किसी प्रेम गीत से कम नहीं, जिसे अंग्रेज़ी में 'लव एंथम' कहते हैं। यह बात तब की है जब 'अल्लाह के बंदे' गाना चर्चित हो चुका था और हमारी पहली मंच प्रस्तुति 'सरहदों की जुगलबंदी' फ़लकनुमा मुक्ताकाशीय मंच प्रगति मैदान, दिल्ली में हो रही थी।

हमारा पहला शो (कॉन्सर्ट) था; जिसकी भारत भर में चर्चा हो रही थी। तब पाकिस्तान के दो बैंड और भारत के दो बैंड परफ़ॉर्म कर रहे थे। पाकिस्तान के फ्यूज़न बैंड, राहत फ़तेह अली एवं पार्टी, तथा भारत के इंडियन ओशन व कैलाश खेर (तब तक *कैलासा* नहीं बना था)। लोगों में बहुत जोश एवं उत्साह देखने को मिल रहा था। दिल्ली की ऑडियंस दुनिया से निराली होती है, और हम स्वयं दिल्ली से ही हैं।

पहले ही दिन से हमें लग रहा था कि हम घर में परफ़ॉर्म कर रहे हैं, हमारा आत्मविश्वास और उत्तेजना चरम पर थी, हम पर प्रभु की कृपा हमेशा रही कि झिझक और घबराहट कोसों दूर रहती हैं, अर्थात जो भय से उत्पन्न हों उन्हें डर नहीं लगता।

हम अपनी रवानी में गा रहे थे, खचाखच भरा संगीत प्रेमी जनसमूह। मानो सारी दिल्ली आनंद ले रही हो!

यूँ तो उस दिन हमने रिलीज़ हो चुकी फिल्मों के अपने कुछ गाने और मौलिक गीत गाए, दिल्ली के लोगों को बहुत मज़ा आ रहा था और जितना मज़ा हमारी ऑडियंस ले रही थी, हमें बिल्कुल भी ऐसा एहसास नहीं हुआ कि हम पहली बार इतने बड़े कॉन्सर्ट का हिस्सा हैं। उस दिन कुछ-कुछ जादू जैसा हो रहा था, मानो कोई परम शक्ति हमारे अंदर प्रवेश कर चुकी हो। शायद बहुत दिनों की तपस्या का परिणाम था कि यह पहला कॉन्सर्ट मेरी जन्मभूमि, मेरी तपोभूमि दिल्ली में हुआ।

सहस्त्र अनुभूतियाँ, अनंत एहसास हमारे अंदर गोते खा रहे थे। कार्यक्रम अपनी रवानी पर था और हम पूरे समाधिस्थ हो चुके थे— अंग्रेज़ी भाषा में जिसे 'ट्रांस' कहते हैं। तभी हमने गाना प्रारम्भ कर दिया, जिसको पहले हमने या हमारे साथियों ने कभी सुना भी नहीं था, अर्थात उसी वक्त शब्द, धुन और हमारा ईश्वर के प्रति पागलपन; अनायास नदी की तरह जैसे उद्गम हो रहा था—

'प्रीत की लत मोहे ऐसी लागी, हो गई मैं मतवारी,
बल बल जाऊँ अपने पिया को, हे मैं जाऊँ वारी वारी
अरी ऐरी सखी मैं का से कहूँ ,मेरे हृदय उठे उड़ारी
प्रेम पियाला भर भर पीयूँ, हारी मैं दिल हारी. . .'

तब ये बोल थे।

हम गाए जा रहे थे, अपनी धुन में और शब्द बहते जा रहे थे. . . परमात्मा का जैसे जादू हो रहा और हम अवाक् देख रहे हों! सारी दर्शक दीर्घा (ऑडियंस) हमारे साथ ऐसे गा रही थी मानो उन्होंने पहले से यह गीत सुन रखा है।

ये गाना और हम इतने मलंग होकर गा रहे, कि पता ही नहीं चला कि हम भी कहीं अटक सकते हैं , कहीं भटक सकते हैं। परंतु जैसा कहते हैं, 'यदि आप संपूर्ण रूप से समर्पित हो जाएँ तो कुछ कार्य, कार्य नहीं बल्कि यज्ञ हो जाते हैं और उनको परम शक्ति सम्पूर्ण करती है. . . पूर्ण आहुति देती है'। जिस प्रकार धरती से पानी अचानक निकलना प्रारंभ हो जाए, अपनी रवानी में बहने लगे, और नदी का निर्माण हो, उसी प्रकार 'तेरी दीवानी' बनता गया। जब ये पंक्ति आई 'तूने क्या कर डाला मर

गई मैं, मिट गई मैं' और हम थोड़ी देर हार्मोनियम बजाते रहे और ईश्वर से प्रार्थना करते रहे कि 'बाबा रुकने मत देना, अब बहते जाना मेरे भीतर', तब ही 'मर गई मैं, मिट गई मैं' के बाद कुछ शब्द नहीं सूझे तो हमने 'हो हो जी हाँ हाँ जी. . . हो गई मैं, तेरी दीवानी. . .' से उसका सम दिखा दिया तो जान-में-जान आई और दर्शक भी उत्साह से दीवाने होने लगे। आनंद-ही-आनंद बरस रहा था।

इस प्रकार पूरा गाना बना। 'तेरी दीवानी' गाना नहीं, एक जादू है, चमत्कार है, जो मेरी संघर्ष की भूमि, हमारी जन्मभूमि दिल्ली की उपज है। आज 'तेरी दीवानी' के बगैर *कैलासा* का कोई भी कॉन्सर्ट पूरा नहीं होता और जितने भी नवोदित संगीतकार हैं, उनके लिए 'तेरी दीवानी' गुणवत्ता का एक मापक है, बहुत सारे प्रेमी युगल अपने प्रेम चयन के लिए 'तेरी दीवानी' का आसरा लेते हैं।

2. तौबा तौबा

तौबा-तौबा तौबा, उफ़
तौबा-तौबा तौबा

तौबा तौबा वे तेरी सूरत
माशाअल्लाह वे. . . तेरी सूरत

तेनू जेड़े वेल्ले रब ने, बनाया मेरे यारा
दिलदारा, दिसे रब दा, नज़ारा. . . उफ़
तौबा-तौबा तौबा. . . उफ़

तू छोड़ जहाँ की बातें
जग झूठा है, पागल है
तेरे बिना ये सारी दुनिया
एक वीराना जंगल है
तेरे संग-संग डोलूँ
तेरी खुश्बू में घोलूँ
अंग-अंग रंग-रंग रंग सारा. . . उफ़
तौबा-तौबा तौबा. . . उफ़

तू ख़्वाब है या है धोख़ा
ठगनी है या कोई माया
हे तू नचनी नाच नचावे
तुझे कोई समझ ना पाया
तेरी नज़रों की धार
तीखी-तीखी ये कटार
जो भी देखे, वो तो गया, बस मारा. . . उफ़
तौबा-तौबा तौबा. . . उफ़

‘तौबा तौबा’ हमारे एलबम का दूसरा गीत था, जिसे विधिवत प्रारूप में बनाया जाना था, परंतु उपज इसकी भी एक सहज नदी वेग में ही रही। हमारे जीवन का प्रारंभिक समय दिल्ली, मेरठ तथा ऋषिकेश में व्यतीत हुआ, वहाँ कुछ नज़दीकी परिवार ऐसे थे, जिनसे छोटेपन में बहुत प्यार और स्नेह मिला।

वह हमें हमें लाड़ करते हुए अकसर कहा करते थे — ‘माशाअल्लाह! यह बच्चा बड़ा ही ज़हीन है’। इस शब्द ‘माशाअल्लाह’ ने हमारे दिल में एक अलग ही जगह बना ली कि जब कभी भी हम यह शब्द सुनते हैं तो उनका प्यार और स्नेह याद आता, ऐसे ही कुछ शब्द जो दिल के पास होते हैं, वह आपके कृत्यों में, भावों में, झलकने लगते हैं।

यह शब्द तो बचपन से ही हमारे दिमाग़ में ठहरा हुआ था, यहीं से हमारे दिल की भावनाओं के साथ बना—

‘तौबा तौबा तेरी सूरत
माशाअल्लाह तेरी सूरत. . .’

इसी में एक वृतांत और जुड़ा जब हम पहली बार फ़िल्म के सेट पर थे, यह गाना हम पर शूट हो रहा था। फ़िल्म की यूनिट में हमने पहली बार एक बहुत ही प्रभावी व्यक्तित्व की महिला को असुंदर शब्दों को बोलते हुए देखा। उस स्त्री के बर्ताव को देखते ही मन में एक शब्द आया ‘उफ़’ जिसे बाद में ‘तौबा तौबा’ में हमने जोड़ा।

3. दिलरुबा

मैं तो तेरे प्यार में दीवाना हो गया

दिलरुबा, ये बता
क्या करूँ, तेरे सिवा
मैं तो तेरे प्यार में दीवाना हो गया

डसने लगी हैं मुझे
क्यूँ ये तन्हाइयाँ
हर पल मैं देखूँ बस
तेरी परछाइयाँ
रब दी कसम मैं तो
जाना तेरे प्यार में
भले मर जाऊँ, पर सहूँ ना जुदाइयाँ

जानेजाँ, मेहरबाँ
बिन तेरे, जाऊँ कहाँ
मैं तो तेरे प्यार में दीवाना हो गया

खाना नहीं, पीना नहीं
तेरे इंतज़ार में
रोग ये अनोखा मिला
मुझे तेरे प्यार में
तड़पूँ मैं तेरे बिन
घड़ी-घड़ी पल-छिन
उलझा के छोड़ा तूने
इसी रोज़गार में

तू बता, जानेजाँ
वास्ता,प्यार का
मैं तो तेरे प्यार में दीवाना हो गया

दिलरुबा शब्द का भी हमारे जीवन में एक अलग ही महत्व रहा, हमें आज भी याद है हमारे बचपन के दिनों में हमारे पड़ोसी परिवार में एक लड़की रहा करती थी जिसका नाम था दिलरुबा और इस शब्द ने बचपन से ही हमें मोहित किया हुआ था।

थोड़े दिनों बाद इस शब्द का अर्थ पता लगा, तो निश्चय किया कि इसको एक गीत में प्रयोग करेंगे, और इस तरह से बना दिलरुबा—

'दिलरुबा मतलब जो दिल को सुकून दे
मैं तो तेरे प्यार में दीवाना हो गया
दिलरुबा ये बता, क्या करूँ तेरे सिवा. . .'

ईश्वर ने हमें दुनियावी बातों से इतना अलग बनाया है, कि सामान्य शब्दों को असामान्य ढंग से रोचकता के साथ कैसे अपने प्रशंसकों के दिल में उतारना है, इसका हमें भली-भाँति ज्ञान था। जो विचार आपको तरंगित कर दे वो आप जैसे अन्य हृदयों को अवश्य तरंगित करते हैं।

4. जाणा जोगी दे नाल

कागा सब तन खाइयो
मेरा चुन चुन खाइयो मांस
दो नैना मत खाइयो
मोहे पिया मिलन की आस
हो नी मैं जाणा. . .
नी मैं जाणा. . .
जाणा जोगी दे नाल नी मैं

राँझा राँझा करदी नी मैं
आप्पे राँझा होइ
राँझा मैं विच
मैं राँझे विच
होर ख़याल ना कोई
हो नी मैं जाणा. . .
नी मैं जाणा. . .
जाणा जोगी दे नाल नी मैं

हाजी लोक मक्के नू जांदे
मैं जाणा तख़्त हज़ारे
जित वल यार, उते वल काबा – 2
भाँवे खोल किताबा सारे – 2
हो नी मैं जाणा. . .
नी मैं जाणा. . .
जाणा जोगी दे नाल नी मैं

जाणा जोगी दे नाल का अनुभव भी हमारे जीवन के निराले अनुभवों में से एक है, इसे गीत कहूँ या कथा, दोनों ही आभास हमारे मन को परिभाषित करते हैं, जब हम बाल्यावस्था में थे, तभी ईश्वर ने हमें इस सौभाग्य से सींचा कि हमें गुरुनानक देव, कबीर, बाबा बुल्लेशाह, बाबा फ़रीद, गोरखनाथ जी जैसे महान संतों की वाणी सुनने और पढ़ने का मौका मिला।

महादेव की अनुकंपा से हम स्वयं लिखते भी हैं, धुन बनाने के साथ गाते भी हैं, अब हमारे मन की भावनाएँ संतो की इस वाणी के बिना पूर्ण हों ऐसा तो हमारे हृदय से संभव नहीं, इसी लगन के चलते हमने संतों की, गुरवाणी के कुछ छंद लिए जो कैलासा के रंग में इस प्रकार ढले कि हृदयस्पर्शीगीत बना—

'कागा सब तन खाइयो, मेरा चुन चुन, खाइयो मांस
दो नैना मत खाइयो, मोहे पिया मिलन की आस, हो नी मैं जाणा जोगी दे नाल. . .'

5. कैसे मैं कहूँ

यहाँ-वहाँ जहाँ-तहाँ उड़ती फिरूँ
कैसे मैं कहूँ के, मुझे इश्क़ हुआ है

धरती पे आजकल, पाँव ना धरूँ
कैसे मैं कहूँ के, मुझे इश्क़ हुआ है
लोगों से सुना हैं, मुझे इश्क़ हुआ हैं

धड़के ये ज़ोर ज़ोर, भड़के ये चारों ओर
वो क्या जाने चित-चोर, वो है चंदा मैं चकोर
भोले-भाले मतवाले, दिल का क्या करूँ
कैसे मैं कहूँ के, मुझे इश्क़ हुआ है

लोगों से सुना है, मुझे इश्क़ हुआ है
धरती पे आजकल, पाँव ना धरूँ
लोगों से सुना है, मुझे इश्क़ हुआ है

सारी-सारी रात, और सारा-सारा दिन
हर घड़ी, हर पल, पल छिन-छिन
उल्टी सीधी, बहकी-बहकी, बातें मैं करूँ
कैसे मैं कहूँ के, मुझे इश्क़ हुआ है
लोगों से सुना है, मुझे इश्क़ हुआ है

चंदा को रिझाऊँ कभी, तारों को रिझाऊँ मैं
अपने पिया को लेकिन, सबसे छुपाऊँ मैं
उनको पड़ी है क्या, मैं जिऊँ, या मरूँ
कैसे मैं कहूँ के, मुझे इश्क़ हुआ है
लोगों से सुना हैं, मुझे इश्क़ हुआ है

इस गीत के बारे में हम जितना भी व्यक्त करें उतना कम ही लगता है, क्योंकि परमात्मा ही हैं जो हमारे भावों को उपज देते हैं, हमारे गीत या काव्य केवल मनोरंजन या तुकबंदी तक का ही हिस्साभर नहीं।कई बार श्रोताओं की प्रतिक्रियाएँ होती थीं कि जैसे हमारे गीत उनकी भावनाओं से पिरोए हुए हों। उन्हें अकसर हमने कहते सुना, 'कैलाश जी, लगता है जैसे आपने जैसे हमारी ही भावनाएँ गीतों में उतारी हों' और उन्हीं भावों का उद्गम है ये गीत—

'यहाँ वहाँ जहाँ तहाँ, उड़ती फिरूँ, कैसे मैं कहूँ के, मुझे इश्क़ हुआ है
धरती पे आजकल पाँव ना धरूँ, लोगों से सुना है, मुझे इश्क़ हुआ है. . .'

इस गीत में कभी न ख़त्म होने वाली भावनाएँ हैं, क्योंकि भावनाओं का अंत तो संभव नहीं, हमें इस गीत से जुड़ा एक और प्रसंग याद आता है:

माया नगरी मुंबई में जहाँ चमक-धमक और बड़ी-बड़ी इमारतें हैं, वहीं दूसरी ओर हम एक साधारण-सी जगह जहाँ नदियाँ, कुंड, प्राचीन मन्दिर है, वहाँ पले-बढ़े हैं। जब इस गाने को मुंबई में शूट किया जाना था, तो हम सोच रहे थे किसी बंगले में होगा या कोई बड़ी इमारत होगी, किंतु हम स्तब्ध और शब्दहीन हो गए, जब हमारे महादेव ने हमें बाणगंगा नाम के स्थल पर पहुँचाया। मुंबई जैसे शहर में किसी पौराणिक स्थल का नाम भी बाणगंगा जैसे घाट पर होना किसी कौतुक से कम नहीं था। एक आधुनिक शहर में पारंपरिक, प्राचीन स्थली का होना हमें विस्मय से प्रसन्न कर रहा था। मन की स्थिति ऐसी कि एक और भावनात्मक जुड़ाव हो गया, इस प्रकार 'कैसे मैं कहूँ' हमारे तथा कैलासा के प्रशंसकों के हृदय का अभिन्न अंश बन गया।

6. नैहरवा

नैहरवा हमका न भावे
हमका न भावे
नैहरवा नैहरवा आ. . . नैहरवा नैहरवा आ. . .

साईं की नगरी, परम अति सुंदर
जहाँ कोई, जाए ना आवे
चाँद सूरज जहाँ, पवन ना पानी
को संदेश पहुँचावे
दर्द यह, साईं को सुनावे
नैहरवा आ. . .
नैहरवा नैहरवा आ. . .

बिन सतगुरु आपणो नहीं कोई

अपणो नहीं कोई
जो यह राह बतावे – 2
कहत कबीर, सुनो भई साधो
सपणे में प्रीतम आवे
तपन यह, जिय की बुझावे
नैहरवा आ. . .
नैहरवा नैहरवा आ. . .

इस पारंपरिक गीत की ख़ास बात है कि यह पंडित कुमार गंधर्व जी की रचना है, जिनको हम संगीत का संत मानते हैं।

यह कबीर का निर्गुण भक्ति गीत है, निर्गुण अर्थात 'निराकार परमेश्वर की उपासना के छंद', जिसमें शरीर के माध्यम से आत्मा और परमात्मा के प्रेम का वर्णन होता है।

एक दिन जब हम नरेश-परेश और अपनी *कैलासा* मंडली के साथ, संगीत गोष्ठी कर रहे थे और अपनी धुन में मग्न यह गीत गा रहे थे, तब हमारा *कैलासा* बैंड इस गाने के साथ वाद्यों की संगत कर रहा था जैसे एक अलौकिक परिवेश में हम थे।

नरेश-परेश ने ये गाना सुनते ही कहा, 'भाई, हम इस गीत को भी अपने एलबम में शामिल करते हैं।' तभी हमने यह गाना भी अपनी एलबम में संकलित किया।

'नैहरवा' शब्दों से, विचारों से, संदेश से, दर्शन से, धुन से तो दिल छूता ही है, *कैलासा* के सरल संगीतमय शृंगार से ये गाना पूरी मंडली का और हम जैसे कुछ और पगलों का चहेता गाना है। हम इसे भयावह ध्वनि कहते हैं।

7. अलबेला साजण

जोगण बण-बण घूमूँ
बैरागण बण-बण घूमूँ
हाँ मैं तेरी चौखट चूमूँ
मैं तेरी, और तू मेरा
अलबेला साजण मेरा – 2

उसकी हुई दीवानी
दुनिया से हुई बेगानी
क्यों है दुनिया अंजानी
वो मेरा दिलबर जाणी
मनमोहक उसका चेहरा
अलबेला साजण मेरा
अलबेला साजण, साजण मेरा

मैं बावरिया, हाँ बावरिया
मैं बावरिया, बावरिया, बावरिया हो जाऊँ
मैं सजणा सजणा गाऊँ
मैं कैसे उसे रिझाऊँ – 2
क्यूँ प्यार में ना मर जाऊँ
जब इश्क़ अनोखा मेरा
अलबेला साजण मेरा
अलबेला साजण, साजण मेरा
अलबेला साजण मेरा

तुझमें-मुझमें कोई फ़र्क़ नहीं
जब तू है, तो फिर मैं, कैसी
तेरी सूरत रब दी सूरत ए
कोई सूरत नहीं तेरी जैसी
बस पार ना पाया तेरा
अलबेला साजण मेरा
अलबेला साजण, साजण मेरा

'अलबेला साजण' गीत हमारे अनुभवों की किताब का एक गहरा पन्ना रहा है। बात तब की है जब एक शास्त्रीय गायन में इस शब्द ने मेरे कानों को छुआ।

'अलबेला साजण' शब्दों को सुनकर ऐसा लगा जैसे हमें कोई स्रोत मिल गया हो, ये वैसा ही था जैसे कुछ शब्दों का मिलना और उनसे उपज का शुरू होना। ऐसे ही कुछ मोहित कर देने वाले शब्द बीज बनकर वृक्ष को जन्म देते हैं और एक गीत की शक्ल में काव्य का रूप ले लेते हैं, मानो हमारे भीतर जैसे परमात्मा विचार बनकर उछाल मारने लगे हों। दूसरी ओर हमारे प्रेम की कल्पना का संसार इतना विलक्षण था जिसमें समर्पण कण-कण से प्रतीत होता रहा, इसी तरह बना गीत—

'जोगन बन-बन घूमूँ, बैरागन बन-बन घूमूँ
तेरी चोखट बन-बन घूमूँ, मैं तेरी तू मेरा. . .'

इस गाने की रचना के समय ऐसा प्रतीत हो रहा था मानो आत्मा, परमात्मा को अधिकार बोध से बता रही हो कि—

मैं तेरी, तू मेरा अलबेला साजण मेरा।

8. अरी ओ शर्मीली

लंबा-सा दम हाँ भरा ही था
चटका दिया हाय दिल
सीने से चाहे न लगा भले
सिखला तो जा ऐसे मिल
लंबा-सा दम हाँ भरा ही था
चटका दिया हाय दिल
सीने से चाहे न लगा भले
सिखला तो जा ऐसे मिल
अरी ओ शर्मीली
अरी हाँ नशीली
अरी ओ शर्मीली
अरी हाँ नशीली
हम. . . हम. . .
ओ ज़रा मुड़के तो देख

करना है तो खुल के कर
अरे जी भर चोरी हाँ दिल की चोरी
हम से नहीं तो किसी से
हाँ ख़ुशी से भरे जा ये तिजोरी

करना है तो खुल के कर
अरे जी भर चोरी हाँ दिल की चोरी
हम से नहीं तो किसी से
हाँ ख़ुशी से भरे जा ये तिजोरी

भटका तो उतरेगा क्या भला
पलकों का सुरमई रंग
हँसना तेरा ही तो बचाएगा
मेरी उम्मीदों का भ्रम

अरी ओ शर्मीली
अरी हाँ नशीली
अरी ओ रंगीली
चमकीली नीली-नीली
हम. . . हम. . .
ओ ज़रा मुड़के तो देख

'अरी ओ शर्मीली' आँखों का मानवीकरण अर्थात् नैनों की सुंदरता और रहस्यात्मकता, उसी का काव्यात्मक व कलात्मक वर्णन है।

नायक कह रहा है कि जैसे ही अँगड़ाई ली तो उन सुरमई आँखों ने, रहस्यात्मक आँखों ने एक झटका दे दिया और उसके बाद ये हुआ कि —

'लंबा-सा दम हाँ भरा ही था कि चटका दिया हाय दिल।
सीने से चाहे ना लगा भले, सिखला तो जा, ऐसे मिल।
अरी ओ शर्मीली, अरी हाँ नशीली।
ज़रा मुड़ के तो देख।'

आँखों को नायिका समझकर ये गीत सुनना, रसिक को एक अनोखा अनुभव तथा सुकून देता है। उस पर भी कोई कलाप्रेमी हृदय हो तो जैसे सोने-पे-सुहागा।

यद्यपि यह गीत आपके कैलाश खेर के एकल स्वर में अभी तक विमोचित नहीं हुआ है, किंतु आपके प्यार में इतनी शक्ति है कि शीघ्र ही यह गीत प्रसारित भी कर देंगे। तब तक शब्दों, काव्य का आनंद लीजिए।

9. बम लहरी

हाथ जोड़ के, बोली गवरजा
तीनों लोक बसाए, बस्ती में
आप बसे वीराने में, जी – 2
अजी राम भजो जी, राम भजो जी
राम भजो जी, राम भजो जी
शिव का वंदन, किया करो
अजी शिव का वंदन, किया करो जी
अगड़ बम बबम-बबम बम बबम,
बबम बम बबम, बम लहरी – 2

मेरी एक सुनो अंतर्यामी
मेरी एक सुनो भोले स्वामी
मैं तो दासी जनम-जनम की
बाली उमर से भक्ति करती
तुम्हें छोड़ के कहीं ना जाऊँ
रात दिवस तेरे चरण दबाऊँ
तुम्हें जो छोड़ूँ तो मर जाऊँ
अगड़ बम बबम-बबम बम बबम,
बबम बम बबम, बम लहरी

एक सुनो मेरे भोलेनाथ जी
एक सुनो ना मेरे दीनानाथ जी
दिनभर मैं तेरी भंग रगड़ूँगी
भंग रगड़ूँ, तेरा रगड़ूँ धतूरा
काज करूँगी तेरा पूरा
हुकम बजाऊँ तेरा पूरा
तुझे पिलाऊँ पीवेगा नादिया
और जो बच जावे, मैं पी लूँगी
अमृत जान, समझ पी लूँगी

शरण में ले लो भोलेनाथ
मोहे अपनी बना लो, दीनानाथ जी
अगड़ बम बबम-बबम बम बबम,
बबम बम बबम, बम लहरी

एक सुनो जी पार्वती
मेरी एक सुनो गौरा रानी
इस जंगल में तू क्या पावेगी
कंजरी बन-बन मर जावेगी
हाथी चिंघाड़े, शेर दहाड़े
भसम रमाऊँ, धूणी रमाऊँ
तांडव कर-कर डमरू बजाऊँ
गुफ़ा बीच मेरा है डेरा री
अभी समझ जा, हे गौरा री
अभी मान जा, हे गौरा
मेरे भूत की माला गले पड़ी
मेरे खग्गड़ माला गले पड़ी
तू तो देख इसे डर जावेगी
मेरे संग तू क्या पावे
कोई अच्छा कुँवर, राजा का ढूँढ़
कोई रूप कुँवर, राजा का ढूँढ़
तू रानी बनके बैठ महल
अरी समझ जा हे गौरा री
हा-हा मान जा, हे गौरा री
अगड़ बम बबम-बबम बम बबम,
बबम बम बबम, बम लहरी

भाम-भाम, शिव शंकर शंभू
महादेव, शिव शंकर शंभू
जटाजूट, हर शंकर शंभू
भस्मदार शिव शंकर शंभू

बचपन से ही 'बम लहरी' पिता जी के मुख, कंठ से सुनते आए, परंतु उनकी भाषा शैली एवं उनके बोल उनके ही रंग के थे – महान व असामान्य। हमने पहले भी बताया है कि प्रेरणास्रोत हमारे भावों, अनुभवों से कभी भी उग सकते हैं। बम लहरी गायिकी की एक पारंपरिक विधा है और कई पीढ़ियों से महादेव के अनुयायी गाते आ रहे हैं। जब हमने ये गीत बनाया तो इसके शब्द और इसका नाद (ध्वनि) विश्वस्तरीय बना और ये गीत, और इसका ढंग *कैलासा* की पहचान बन गया। अब कोई भी नया संगीतकार यदि ग़ैर-फिल्मी संगीत बनाता है तो *कैलासा* के इस तरह के संगीत का भी उदाहरण प्रस्तुत करता है।

इसे हम फ़िल्मी आधुनिक युग का आध्यात्मिक रूप कह सकते हैं। यह बहुत विलक्षण प्रसंग पर आधारित है जहाँ माँ पार्वती जी भगवान शिव को मोह रही हैं, वहीं भगवान शिव उन्हें बारंबार रूप बदल कर चकमा दे रहे हैं। नरेश-परेश के साथ हमने इसके साउंड (ध्वनि) पर अपने भाव साझा किए तो लग रहा था कि इतनी विशिष्ट तथा इतने विलक्षण भावों, विचारों को यह महानगरी से आए हुए संगीतकार समझ भी पाएँगे? कहीं विराने की ध्वनि, तो कहीं डमरू की डम-डम, चिमटे की खनक, तो कही सर्प की फुंकार, पर्वतों की हुंकार तथा ॐ की गुंजार। मानो सबकुछ अप्रासंगिक हो, अशरीरी आत्माओं के आभास को धुन में पिरोना जैसे अत्यंत जटिल हो, किंतु महादेव का गुणगान महादेव ही प्रमाणित करते हैं, जो बम लहरी में साक्षात परिलक्षित होता है, विश्व के हर खंड में हर हर की गुंजार करता बमलहरी *कैलासा* के कॉन्सर्ट का अमिट अंश है।

10. सैंयाँ

हीरे मोती, मैं ना चाहूँ
मैं तो चाहूँ, संगम तेरा
मैं तो तेरी, सैंयाँ. . .
तू है मेरा, सैंयाँ. . .

तू जो, छू ले, प्यार से
आराम से मर जाऊँ
आजा, चंदा, बाहों में
तुझमें ही गुम, हो जाऊँ
तेरे नाम में, खो जाऊँ
सैंयाँ. . .॰

मेरे दिन खुशी से झूमें, गाएँ रातें
पल-पल मुझे डुबाएँ, जाते-जाते
तुझे जीत-जीत हारूँ
ये प्राण-प्राण वारूँ
हाय ऐसे मैं निहारूँ
तेरी आरती उतारूँ
तेरे नाम से जुड़े हैं, सारे नाते
सैंयाँ. . .

बन के माला प्रेम की
तेरे तन पे, झर-झर जाऊँ
बैठूँ नैया, प्रीत की
संसार से, तर जाऊँ, मैं. . .
तेरे प्यार से, तर जाऊँ
सैंयाँ. . .
ये नरम-नरम नशा है,
बढ़ता जाए
कोई प्यार से, घुँघटिया,
देता उठाय
अब बावरा हुआ मन
जग हो गया है रौशन
ये नई-नई सुहागन
हो गई है तेरी जोगन
कोई प्रेम की पुजारन,
मंदिर सजाए
सैंयाँ. . .

यह गीत हमारे जीवन का एक अत्यंत महत्वपूर्ण घटक है। जब हमारा पहला एलबम *कैलासा* प्रसिद्ध हो गया तो अन्य सुझाव यह आया कि दूसरे एलबम की भी शुरुआत कर लेते हैं।

हम इस बात से अनभिज्ञ थे कि दूसरे एलबम का भी लोकप्रिय होना आवश्यक है, किंतु ईश्वर ने हमें स्वभाव का सरल और संतुष्ट बनाया है. . . हम मस्तिष्क में कम तथा हृदय में अधिक होते है। इसका एक लाभ यह रहा कि जो भी कृति हमसे उपजी, दबाव से नहीं वरन स्वभाव से उपजी। हमारे दिन-प्रतिदिन की जीवन शैली से ही प्रेरणास्रोत मिलते रहे और उनसे जिन विचारों की उपज होती, वही फिर गीत बन जाते। अनुभवों की सूची में एक अत्यधिक खूबसूरत अनुभव ये रहा कि मुंबई में हमारा प्रथम निवास हरियाली से घिरा हुआ था। इस सुखद प्राकृतिक माहौल में चार चाँद तब लग गए जब एक पेड़ पर कोयल आने लगी थी। उसका एक प्रेमी था जिसे हम 'राजा जी' कहा करते थे। साधारणतया कोयल बहुत शर्मीला जीव है परंतु वह हमारे साथ सहज हो गई थी।

प्रेम का आरंभ अधिकांश जीवों में; यहाँ तक कि मनुष्यों में भी नर द्वारा स्त्री या मादा को लुभाने की पहल करते हुए होता है किंतु कोयल एक ऐसा जीव है जहाँ मादा कोयल अपने प्रेमी के पीछे जाती है और स्वयं प्रभावित करती है। ऐसे ही युगल कोयल और राजा जी की प्रेम कथा से जन्मा सैंयाँ। एक बार राजा जी, कोयल के पास आए हुए थे और एक डाल पर बैठ कर चोंच में चोंच डालकर ध्यानावस्था में प्रेमालाप कर रहे थे, हमारी दृष्टि जो पड़ी तब ही हृदय में ये पंक्तियाँ आईं—

'तू जो छू ले प्यार से
आराम से मर जाऊँ. . .'

प्रेम की ऐसी अवस्था जिसमें समाधि लग गई हो। प्रेम तब ही हो सकता जब कोई ध्यानस्थ स्थिति में चला जाए। 'सैंयाँ' *कैलासा* की प्रस्तुति का अभिन्न अंग है, कितने ही प्रेमी युगल इस गाने पर अपने जीवन की शुरुआत करने के संस्कार तथा उत्सव मनाते हैं। ये भी एक तरह से *कैलासा* का प्रेम गीत (लव एंथेम) ही है।

11. जोबन छलके

बन-ठन के गौरा कहाँ चली. . .

वारा मारे, ऐसे जोर
मुँह की खावें, सब चोर
बिजली सी कड़के, घनघोर
भीतर-भीतर बाले पोर
कैसे चलूँ मैं तो, तिखल-तिखल के
जोबन छलके, जोबन छलके
हो जोबन छलके, जोबन छलके
रे बाँटन वाली, मणे दिए
के लेरी झोली में – 2

भारी-भारी अचरज
पास पड़ोस करें इतराने में
अरे कोर्ट कचेरी बंद पड़ गए
भग्गी पड़ गई थाणे में
अरे रे रे रे रे. . .

ऊपर-ऊपर का है शोर
भीतर-भीतर हैं, सब चोर
सारे के सारे, मुँहजोर
बातों का कोई, ओर ना छोर
जीवें मुखौटे ये, बदल-बदल के
जोबन छलके, जोबन छलके
हो जोबन छलके, जोबन छलके

चाँदन रात में, पीसन बैठी
किड़-किड़ दाँत, बजाऊँ जो
नस-नस मेरी, कस-कस जावे
बरबस डर-डर जाऊँ जो
अरे रे रे रे रे

कैसे मारे वो, किलकोर
मस्तावे सावन की, डोर
जोबन है बावल, चितचोर
धक-धक जी में, उठे हिलोर
सबका दिल जावे, पिघल-पिघल के
जोबन छलके, जोबन छलके
हो जोबन छलके, जोबन छलके

रे बाँटन वाली, मणे दिए
के लेरी झोली में – 2

हे री गौरा, गौरा री
हे री गौरा, गौरा री - 4
बन-ठन के गौरा कहाँ चली. . .

जैसा कि हम भारत के उत्तरी भाग से संबंध रखते हैं तथा भारत के कुछ उत्तरी क्षेत्रों में 'जोबन छलके' एक हास्य-व्यंग्य के रूप में बोला जाने वाला पद था। जैसा कि हमने बताया है, कहीं से भी स्रोत की उपज प्रकृति प्रदान करती है, इसी के फलस्वरूप सामने आया गीत 'जोबन छलके'। जिसे भाषा में नहीं बोलियों में लिखा गया, एवं हमारी भावनाओं का बहाव इतना प्रभावशाली था कि *कैलासा* के कुछ गीत तो एक घंटे के अंतराल में बने। यह ऐसे अनुभव थे कि जिनमें शब्द हमारे थे किंतु लग रहा था जैसे प्रभु ने स्वयं रचना रची हो। धुन से ध्वनि तक के पर्याय स्वरूप बन कर सामने आया 'जोबन छलके'—

'वारा मारे ऐसे जोर, मुँह की खावें साधु चोर
बिजली-सी कड़के घनघोर
भित्तर-भित्तर बाल्ले पोर
कैसे चलूँ मैं तो तिखल-तिखल के
जोबन छलके, जोबन छलके. . .'

12. छाप तिलक

आ सजना इन नैनन में, पलक ढाँक तोहे लूँ
ना मैं देखूँ, और को ना तोहे देखन दूँ

काजर डारूँ, किरकरा, जो सुरमा दिया, ना जाए
जिन नैनन में, पी बसे, दूजा कौन समाए, दूजा
कौन समाए

छाप तिलक सब छीनी, छाप तिलक सब छीनी. . .
मो से नैना. . .मिलायके
छाप तिलक सब छीनी. . .मो से नैना. . .मिलायके
नैना मिलायके मो से सैना मिलायके
नैना मिला के, मो से सैना मिला के
छाप तिलक सब छीनी. . . मो से नैना. . .
मिलायके

प्रेमवटी का मदवा, पिलायके
मतवारी कर दीनी, मो से नैना मिलायके

गोरी-गोरी बैयाँ, हरी-हरी चूड़ियाँ – 2
बैयाँ पकड़, हर लीनी, मो से नैना मिलायके

बल-बल जाऊँ, तोरे रंगरेजवा – 2
अपनी सी रंग दीनी, मो से नैना मिलायके
अपनी सी रंग दीनी. . . नैना मिलायके

खुसरो निज़ाम के, बल-बल जई है - 3
मोहे सुहागन कीनी, मो से नैना मिलायके – 2

'छाप तिलक' गीत श्रोताओं के पसंदीदा गीतों में से एक रहा। हमें बचपन से ही यह बोध रहा कि 'छाप तिलक' जो कि अमीर ख़ुसरो की रचना है, इसे एक ही धुन में पिरोया जा रहा था, एक ही भाँति-सा गाया जा रहा था, मानो एक परंपरा के रूप में रूपांतरित कर दिया गया हो।

हमारी आत्मीयता को ये आभास था कि संगीत, धुन एवं ताल तो पूर्णरूपेण अनंत तक है, तो ऐसी अतुलनीय रचना की एक ही जैसी अनुभूति क्यूँ ? इसके फलस्वरूप हमने परमात्मा की अनुभूति का स्मरण तथा धुनों द्वारा इसे एक अलग रूप में महसूस किया, चूँकि हमारा आभास ही लिरिक्स होते हैं और लिरिक्स ही गीत बन जाते हैं। ऐसा इसलिए क्योंकि परमात्मा स्वयं रच रहे होते हैं। तत्पश्चात ध्वनि और नाद उसपर जैसे सोने-पे-सुहागा बन कर उभर जाते हैं—

'चले खूब तुरप की चाल, लगा के रंगों का ताँता
रचना के रचनाकार का खेला समझ नहीं आता'

इस गीत को जनता द्वारा काफी पसंद किया गया, सराहा गया, किसी ने इसे सूफ़ी संगीत कहा तो किसी ने गुरुवाणी कह कर संबोधित किया। आज भी 'छाप तिलक' हमारे हर मंच की आवश्यकता तथा प्रबल अनुरोध में शामिल है। यह गीत आज भी अपनी छाप छोड़े हुए है—

'आ सजना इन नैनन में पलक ढाक तोहे लूँ।
ना मैं देखूँ यार को ना तोहे देखन दूँ॥'

13. झूमो रे

चल बुल्ला, चल ओत्थे चलिए
जित्थे सारे अन्हें – 2
ना कोई साड्डी, जात पिच्छाने
ना कोई सानु, मन्ने

लाल पड़ा बाज़ार में, रहा धूल लपटाए
नुगरे ठोकर मारते, सुगरों ने, लिया उठाय
दलाली लालन की

ये हाल जहाँ का, लोकी पंजवेले
कर देने मज़ाका, आशिक हरवेले
पढ देने नमाज़ा, लोकी पंजवेले – 2
झूमो रे. . . गाओ रे. . .

साहेब मेरा बाणिया, करता बणज ब्योपार
बिन डंडी, बिन पालने, तोल रहा संसार
ले नाम ख़ुदा का, लोकी पंजवेले. . .

तेरी काया नगर में, राम-राम, तू जंगल-जंगल क्या ढूँढें
तेरे रोम-रोम में, राम-राम, तू पत्थर में सर क्यों मारे
तेरी काया नगर, तेरे रोम-रोम

ओ मस्जिद तोड़ो, तोड़ो वे,
मंदिर तोड़ो, तोड़ो वे
इसमें नहीं मुज़ाका है. . .

ओ दिल मत तोड़ो, किसी का बंदे
ये घर ख़ास, ख़ुदा का है. . .
ये ख़ास ख़ुदा का. . . लोकी पंजवेले. . .
कर देने मज़ाका, आशिक हरवेले
पढ देने नमाज़ाँ, लोकी पंजवेले
झूमो रे. . . गाओ रे. . .

ईश्वर की अनुकंपा से हम बाल्य अवस्था से ही भारत के दार्शनिक संतो को सुनते-सुनते बड़े हुए, इसलिए हमारे गीतों में संतों की वाणी का अत्यधिक विशेष स्थान रहा, संतों की वाणी और कैलासा के प्रवाह का अनोखा मेल बना 'झूमो रे'।

'लोकी पंजवेले' नाम की ये वाणी थी, जिसमें हमने शब्द जोड़े 'झूमो रे' चूँकि गीत के शब्द हमारे नहीं थे, किंतु इसके संकलन की उपज हमारी इस प्रकार रही—

'ये हाल जहाँ का, लौकी पंजवेले
करदेने, मज़ाका आशिक हरवेले
पढ़देने नमाज़ा झूमो रे, गाओ रे. . .'

हमारे प्रेमरस गीत में भी आध्यात्मिकता का एक अनोखा समावेश हमेशा रहा है, किंतु 'गीत झूमो रे' के शब्द प्राचीन भारत के अति शुद्ध शब्द थे , इसलिए इन्हें और रोचक तथा सामान्य रूप देने के लिए हमने इसमे 'झूमो रे' का संग्रह किया।

14. दौलत शौहरत

दौलत-शोहरत, क्या करनी
तेरे प्यार का, सहारा काफ़ी है
ये महल-अटारी, नहीं चहिए
तेरे दिल में गुज़ारा, काफ़ी है
दौलत-शोहरत, क्या करनी – 2

मेरे सनम, मुझे तेरी क़सम
मेरी जान भी तू, ईमान भी तू
तेरे दम से है, मेरा दम
जान भी तू, अनजान भी तू
पैसा-वैसा क्या करना
मुझे पैसा-वैसा क्या करना
मुझे तेरा नज़ारा काफ़ी है
दौलत-शोहरत, क्या करनी
तेरे प्यार का सहारा काफ़ी है. . .

प्यार-मोहब्बत से, दुनिया में
कुछ बढ़कर, होता भी नहीं
दौलत जाए, तो जाए, कोई
प्यार बिना, रोता भी नहीं
ऐशो-मसर्रत, नहीं चहिए
मुझे ऐशो-मसर्रत, नहीं चहिए
तेरे नाम का सहारा, काफ़ी है. . .

दौलत-शोहरत, क्या करनी
तेरे प्यार का सहारा, काफ़ी है

तेरे नाम का सहारा काफ़ी है
दौलत-शोहरत, क्या करनी
ये महल-अटारी, नहीं चहिए
तेरे दिल में गुज़ारा, काफ़ी है
दौलत-शोहरत, क्या करनी
क्या करनी, क्या करनी

हमारी संवेदनाएँ, तथा अनुभूत विचार हैं **'दौलत शोहरत'** गीत और इसके बोल।

जब इस गीत का सृजन हुआ तब हमारा जीवन हमें गंभीरता के रस में डुबोए हुए था। हम काफी गंभीरता तथा जीवन की सत्यता का अनोखा अनुभव कर रहे थे। उस वक्त जो भी विचार हृदय में उपजता, गहरा ही होता।

वही दूसरी और ईश्वर ने हमें सरल शब्दों को रोचक बनाने का जो गुण प्रदान किया, उसी के परिणामस्वरूप पंक्तियाँ इस प्रकार बनीं—

'मेरे सनम मुझे तेरी कसम,
मेरी जान भी तू ईमान भी तू
तेरे दम से है मेरा दम,
जान भी तू अनजान भी तू
पैसा वैसा क्या करना मुझे,
तेरा नज़ारा काफ़ी है
दौलत शोहरत क्या करनी. . .'

इस गीत से जुड़ा एक अनुभव हम बताना चाहते हैं कि शुरू में जब हमने यह डेमो के रूप में किसी रिकॉर्ड कंपनी को सुनवाया था, उन्होंने इसे यह कह कर अस्वीकार कर दिया कि इस तरह के बोल और ऐसी आवाज़ एलबम में नहीं चलेगी। आज कल यह गाना *रील्स* पर बहुत वायरल हो रहा है।

15. यार सजन

यार मेरा इमान वे, यार इबादत पूजा
यार ख़ुदा तो वधके, यारों
मेरे यार जेया, ना कोई दूजा – 2

यार सजन, दिलदार सजन
हो यार सजन, हो ओ दिलदार, सजन. . .
जब से देखा है, मैंने तुझको, खिला है
हो मेरा, खिला ये मन

मैं हूँ आशिक, तू है दिलबर
बिछड़ूँ कैसे, तुझसे पल भर
तेरे कदम मैं, चूम-चूम कर
करूँ इश्क का, रुतबा ऊपर
सारी दुनिया से, तेरी बात, अजब है
हो संदली बदन. . .

तुझे ही जाना, तुझे ही माना
यार तेरे बिन, पगला-दीवाना
मेरे दिल में, आ कर ले, ठिकाना
क्या हूँ, क्यों हूँ, ये मुझे पता ना
रब से ज़्यादा, तुझे चाहूँ, तुझे पूजूँ
ओ मेरे भोले सजन. . .

'यार सजन' श्रृंगार रस का गीत है।

मुंबई के प्रारंभिक दिनों में इस गीत को हम डेमो (प्रदर्शन) के तौर पर रिकॉर्ड कंपनियों को सुनाते थे। 'यार सजन' हमारे ही द्वारा रचित मौलिक गाना था, जिसके विचार तो उत्पन्न हो गए थे किंतु विचारों को गीत का पूर्ण आकार मिलना अभी शेष था।

'यार सजन' एक अत्यंत प्रेमरस में डूबा गीत था, जिसे नरेश-परेश ने हमारी धुन पर ध्वनि चिपकाना शुरू किया, तो 'रेगे' शैली बनकर सामने आई, यह दक्षिण अमेरिका की एक विधा है, जो बॉब मार्ली (एक अंतर्राष्ट्रीय प्रसिद्ध गायक एवं संगीतकार) द्वारा प्रचलित की गई शैली है, जिसे रसिकों द्वारा बहुत पसंद किया जाता है। रेगे के विशेष चाहने वाले विश्व के हर कोने में हैं, (जिन्हें अंग्रेज़ी में 'कल्ट फैंस' कहा जाता है) इस ध्वनि की ताल को सुनने पर प्रतीत होता है जैसे यह उल्टी ताल हो किंतु इसका उल्टा होना ही इसके सीधे होने का प्रमाण है।

हमारे एक मित्र हैं जो बॉब मार्ली के संगीत कृत्यों में तथा उनकी मंडली में मौजूद होते हैं, उन्होंने इस गीत को लेकर सटीक एवं अत्यंत प्रभावकारी प्रतिक्रियाएँ दीं। रेगे स्टाइल या बॉब मार्ली के संगीत से हम तब तक परिचित भी नहीं थे, किंतु लोगों को लगा कि हम उनका अनुकरण कर रहे हैं। पर यह आभास मात्र ही हमें प्रफुल्लित कर देता था, कि हमें भी उनकी तरह सराहा जाता रहा है।

16. तेरे नैना

जागे-जागे, सोए-सोए, तेरे नैना
सपनों में खोए-खोए, तेरे नैना
तन्हाइयों की, परछाइयों में, तुम ही हो ना
तेरे नैना, हाय नैना

सूनी-सूनी, सूनी-सूनी, सी ये रैना
आजा पिया, तेरे बिना, नहीं चैना
ऊँचाइयों की, गहराइयों में, तुम ही हो ना
तेरे नैना, हाय नैना

पाया तुझे तो, सब मिल गया, हाँ
एहसास ऐसा, कि सब खिल गया
जैसे हिमालय, ख़ुद पिघल के, सागर बन गया
हाँ, इन पलों की, रानाइयों में, तुम ही हो ना
तेरे नैना, हाय नैना

मदहोश रातें, पल-पल सुहाने
रुत गा रही है, दिल के तराने
सारे नज़ारे, चाँद-तारे, गुनगुनाने लगे
इन वादियों की, अंगड़ाइयों में, तुम ही हो ना
तेरे नैना, हाय नैना

'तेरे नैना,' जैसा कि इसके नाम में ही निहित है, कि 'नेत्रों के प्रभाव से उपजा हुआ गीत' किंतु हमें तो ईश्वर ने अलौकिकता का, सरलता का, साधारणता का भली-भाँति ज्ञान दिया है। हमारा हृदय जैसे आध्यात्मिकता से परे जाने को राज़ी ही न हो।

हमने इस गीत में नेत्रों की ख़ूबसूरती को बयाँ तो किया किंतु देखने वाली आत्माओं के नज़रिए से, अर्थात ये आँखें किसी इंसान की भी हो सकती हैं, या हिमालय की भी। चूँकि सुंदरता की अनुभूति तो सांसारिक तरीक़ों से विलग है, उसी के फलस्वरूप बना—

'जागे-जागे, सोए-सोए, तेरे नैना
सपनों में खोए-खोए, तेरे नैना
तन्हाइयों की परछाइयों में तुम ही हो ना
तेरे नैना, हाय नैना'

यह बात तब की है जब हमें संगीत में कोई नहीं जानता था और हम डेमो के लिए ये गाना रिकॉर्ड कर रहे थे। तब रिकॉर्डिस्ट ने कहा था, 'क्या आवाज़ है, जैसे परमात्मा की अनुभूति हो !वाह क्या लिखा है!!'

'जैसे हिमायल ख़ुद पिघल कर सागर बन गया,
ऊँचाइयों की गहराइयों में तुम ही हो ना'

यह बात सुनते ही हमारे आत्मविश्वास ने जैसे हिलोरें लेना शुरू कर दिया। इस बात का इतना प्रभाव रहा कि हृदय के उद्‌गार शब्दों की शक्ल में गीत बन कर ढलते रहे और देखते-ही-देखते तब का एक अजनबी कैलाश आज का पद्मश्री कैलाश खेर हो गया।

17. तू मेरी जान है

नी मैं शगन मनावाँ, नी मैं देवा दुवावाँ
नी मैं शगन मनावाँ, नी मैं देवा दुवावाँ

भावें कमली, नाम धारवाँ – 2

पर इक्को ई रटन, लगावाँ
तू मेरी जान है, तू मेरा अरमान है
तू मेरी जान है, तू मेरा अरमान है
नी मैं शगन मनावाँ, नी मैं देवा दुवावाँ. . .
दुनिया को भूल जाऊँ, मैं तेरे प्यार में -2
तू नहीं तो आग लगे, इस संसार में
केनू दिल दा, हाल सुनावाँ
नी मैं लख-लख, शुकर मनावाँ
भाँवे कमली नाम धरावाँ
पर इक्को ई रटन लगावाँ

तू मेरी जान है, तू मेरा अरमान है
तू मेरी जान है, तू मेरा अरमान है. . .

रब्बा मेरे प्यार को, नजर लग जावे ना
रब्बा मेरे प्यार को, नजर लग जावे ना

मंगिया दुवावाँ, लक्खा दुःख हुण सतावे ना
केनू दिल दा, हाल सुनावाँ
नी मैं लख-लख, शुकर मनावाँ
भाँवे कमली नाम धरावाँ
पर इक्कों ई रटन लगावाँ

तू मेरी जान है, तू मेरा अरमान है
तू मेरी जान है, तू मेरा अरमान है. . .

कभी-कभी परमात्मा हमें अपने चमत्कार से इतना चकित कर देते हैं कि हम भी स्तब्ध रह जाते हैं। जिस कंपनी के लिए *कैलासा* एलबम की सीरीज़ बन रही थी, उसी कंपनी का टीवी सीरियल 'जस्सी जैसी कोई नहीं' उन दिनों काफी प्रचलित था। कंपनी ने हमें बताया कि उन्हें उस टीवी सीरियल के लिए एक गाना चाहिए। चूँकि हमारी साधारण, सात्विक एवं व्यस्त जीवन शैली के कारण हम टीवी या फिल्म नहीं देख पाते हैं। हमारा संगीत ही हमें परमानंद की अनुभूति के करीब ले जाता है, इसी स्वभाव के फल स्वरूप ये सीरियल न हमने कभी देखा था न ही सुना था, किंतु जैसे ही हमने गाना बनाया, वह काफी प्रभावित हो गए क्योंकि गाने के बोल इस तरह थे—

'नी मैं शगन मनावाँ
नी मैं देवा दुवावाँ
भावें कमली नाम धरावाँ
पर इक्कोई रटन लगावाँ
तू मेरी जान है
तू मेरा अरमान है. . .'

गाना सुनते ही उन्होंने हँसकर बताया कि मुख्य नायक का नाम 'अरमान' ही है, इस गीत से निर्देशक इतने प्रभावित हुए कि हमारे साथ इस गाने को फ़िल्माने का अनुरोध करने लगे, इस गीत को अमृतसर के खालसा कॉलेज परिसर में शूट किया गया, जहाँ की बहुत प्यारी यादें हृदय में है।

18. चाँदण में

राह बुहारूँ, पग पखारूँ, तमे निहारूँ जी
प्राण वारूँ, बैयाँ डारूँ, मैं ना हारूँ जी

ए जी म्हारे चतर सुजान, ली जो पहचान
काहे भरमाओ जी, आओ जी,
आओ जी, आओ जी

चाँदण में , मैं तकूँ री, तेरा सोना मुखड़ा
प्यारा प्यारा मुखड़ा
आँचल में, मैं रखूँ री, चंदा का टुकड़ा
ए जी प्यारा मुखड़ा

तू धरे, जहाँ पाँव, तो मुस्काए, ये धरती (सैंयाँ)
ओजी म्हारी बिनती, सुनलो आन, म्हारे भगवान
हमें ना सताओ जी
आओ जी. . .

सरप डसे, सूना-सूना, कैसा मीठा सा ज़हर
ऐ जी मीठा. . . सा ज़हर
दरद बढ़े, दूना-दूना, उठे हिय में लहर
उठे हिरदे में लहर

मैं करूँ शृंगार, तो शर्माए, ये दर्पण (सैयाँ)
ओजी ऊँचे चढ़ के, देऊँ अज़ान, ना बनो अनजान
परदा हटाओ जी
आओ जी. . .

'चाँदन में' *कैलासा* का तीसरा एलबम था। पहले के दो सुप्रसिद्ध हो गए थे तो मन में यह विचार भी गोते खा रहे थे कि अब तीसरे में भी कुछ रोचक होना आवश्यक है, तभी किसी एक रात दो बजे परमात्मा ने हमें उपज दी, उसी के परिणामतः बोल कुछ इस तरह रहे—

'राह बुहारूँ, पग पखारूँ, तमैं निहारूँ जी प्राण वारूँ, बैंयाँ डारूँ, मैं ना हारूँ जी
ए जी म्हारे चतर सुजान, लीजो पहचान काहे भरमाओ जी
आओ जी, आओ जी, आओ जी. . .'

इसका आगे विस्तार करने लगे तो ईश्वर ने आगे कुछ पंक्तियाँ इस प्रकार भेजीं—

'चाँदण में, मैं तकूँ री, तेरा सौणा मुखड़ा प्यारा-प्यारा मुखड़ा
आँचल में मैं रखूँ री, चंदा का टुकड़ा, ए जी प्यारा मुखड़ा
तू धरे जहाँ पाँव तो, मुस्काए ये धरती. . . (सैयाँ)
ओ जी म्हारी बिनती सुनलो आन, म्हारे भगवान हमें ना सताओ जी
आओ जी. . . आओ जी आओ जी. . .'

इस गीत की यादों में एक अनोखा पड़ाव तब जुड़ा जब हम इस गीत को धुन के साथ गाने लगे तभी हमारे मित्र, जो स्वयं एक महान संगीतज्ञ परिवार से हैं, इस गीत को सुन कर भावविभोर हो गए। उनकी नम आँखों में गीत के शब्दों का भाव हम भली-भाँति महसूस कर पा रहे थे तथा वह अपने हृदय का उद्गार जताते हुए कहने लगे 'कैलाश जी आप पर प्रभु की विलग ही अनुकंपा है, आपके शब्द जेसे माटी से सन् कर आते है, और आत्मा में उतर जाते हैं।'

19. ना बताती तू

ना बताती, तू पिछान. . . धिन धिन ना ना धिन धिन ना
ना बताती, तू पिछान

भूल मेरी जान तू
ना बताती तू पिछान, धिन धिन ना ना धिन धिन ना
ना बताती तू, पिछान
तिक धिन ना ना धिन धिन ना
धिन धिन ना ना धिन धिन ना
ना धिन धिन ना

पढ़ लूँ, पढ़ा लूँ,
तोहे जिया में बसा लूँ
या तो माथे पे, सजा लूँ, हो या मैं मुख पे, लिखा लूँ

खुशबू से रंगा कोई नाम हाँ,
तुझको पड़ेगा, पहचानना
मैं तो, हौले-हौले हालूँ
भूल मेरी, जान तू. . .

नभ के सितारे
कैसे सजे है दुवारे
जागे-जागे उजियारे, हो मुख रंग गए सारे

पलकों के तले है, छुपा चाँदना,
तुझको पड़ेगा, पहचान ना
कुछ समझ इशारे. . .
भूल मेरी जान तू. . . ना बताती. . .

गीत 'ना बताती' एक पहेली के रूप में है, जिसे हम अंग्रेज़ी में 'रिडल' कहते हैं। यह गींत कैलासा शैली का पर्याय है—

'ना बताती तू पिछान पढ़ लूँ पढ़ा लूँ,
मैं तो जिया में बसा लूँ या तो माथे पे सजा लूँ
हो या मैं मुख पे लिखा लूँ'

'खुशबू से रंगा कोई नाम हाँ तुझको पड़ेगा पहचानना
मैं तो हौले-हौले हालूँ भूल मेरी जान तू'

यह गीत प्रेम के साथ चंचलताका अनूठा संगम हैं, इसे जब भी गाते हैं तो मानो इसकी जीवंतता प्रतीत होती है, कैलासा की मंडली के साथ ये श्रोताओं के अत्यंत प्रिय गीतों मे से एक है।

20. तेरी याद में

जागूँ मैं सारी सारी रात, तेरी याद में
किसको सुनाऊँ फ़रियाद, तेरी याद में
जानूँ ना तेरे सिवा,
जानूँ ना तेरे सिवा कोई बात, तेरी याद में. . .

भूल गई सजना मैं सँवरना,
रंग पड़ा मेरा फीका
भाए कोई संग ना,
आजा वरना, भुगतना फल करनी का
तड़प-तड़प के, विलप-विलप के,
खो दूँगी जब प्राण,
सुरगा में होगी मुलाकात, तेरी याद में. . .

मूँद के बैठ गई हूँ मैं अँखियाँ,
तुम आओ तो खोलूँ
घर आँगन, गलियाँ, हर कोना,
तुमको समझ टटोलूँ
तुम्हरा आना, जीवन पाना,
भूख मिटे और प्यास
खुशियों की होवे बरसात, तेरी याद में. . .

इस गीत के साथ हमारे हृदय की संवेदनाशीलता का प्रतीक जुड़ा है। हमें इस बात का भली-भाँति ज्ञान रहा कि एक-एक घटना, एक-एक विचार, एक-एक भाव भी एक ग्रंथ का रूप ले सकता है। नतीजतन हमने एक सामान्य भाव को भी रोचक बनाने का प्रयत्न किया जैसे कि—

'जागूँ मैं सारी सारी रात. . . तेरी याद में
किसको सुनाऊँ फ़रियाद. . . तेरी याद में
जानूँ ना तेरे सिवा, कोई बात. . . तेरी याद में
जागूँ मैं सारी सारी रात. . . तेरी याद में'

कभी-कभी तो इस गीत में ऐसी अनुभूति होती है कि जब हम सुनते हैं तो लेखनी के साथ-साथ धुन भी हृदय तल तक छू जाती है और सामान्य व्यक्ति; जिसका संगीत से अधिक संबंध न हो वह भी कहता है 'जी रोंगटे खड़े हो गए!' प्रायः हम अलंकारों का समावेश अपने गीतों में सहज ही अनुभूत करते हैं, द्विअर्थीय तथा बहुअर्थी सूक्तियों का प्रयोग *कैलासा* के गीतों में अधिकांशतः दिखता है—

'भूल गई सजना. . .मैं सँवरना'

एक ही शब्द के दो या उससे अधिक अर्थ वाली सूक्तियाँ हम बहुत प्रयोग करते है। जैसे 'सजना सँवरना' में सजना शृंगार करना भी है और प्रेमी को संबोधित करना भी है। यह हमारे इस गीत में इस प्रकार है—

'भूल गई सजना मैं सँवरना, रंग पड़ा मेरा फीका
भाए कोई संग ना, आजा वरना, भुगतना फल करनी का,
तड़प-तड़प के, विलप-विलप के,
खो दूँगी जब प्राण, सुरगा मैं होगी मुलाक़ात
तेरी याद में'

21. भीग गया मेरा मन
(चेरापूँजी)

तीखी-तीखी नुकीली-सी बूँदें
बहके-बहके से बादल उनींदें
गीत गाती हवा में, गुनगुनाती घटा में
भीग गया मेरा मन. . .

मस्तियों के घूँट पी, शोख़ियों में तैर जा
इश्क़ की गलियों में आ, इन पलों में ठहर जा
रब का है ये आईना, शक्ल हाँ इसको दिखा
ज़िंदगी घुड़-दौड़ है, दो घड़ी ले-ले मज़ा

चमके-चमके ये झरनों के धारे
तन पे मलमल सी पड़ती फुहारें
पेड़ हैं मनचले से, पत्ते हैं चुलबुले से
भीग गया मेरा मन. . .

हो डगमगाती चाँदनी, हँस रही है जोश में
और पतंगें गा रहे, हाँ राग मालकौंस में
बनके नाचे बेहया, बेशरम पगली हवा
ज़िंदगी मिल के गले, हँस रही, दे-दे दुआ

बरसे-बरसे रे, अंबर का पानी
जिसको पी-पी के, धरती दीवानी
खिलखिलाने लगी है, मुस्कुराने लगी है
भीग गया मेरा मन. . .

इस गीत की यात्रा इतनी अलग रही कि हम शब्दों में बताने का बस प्रयास मात्र ही कर सकते हैं। नाम भी हमने इसे चेरापूँजी ही दिया, चूँकि हमारे मन के भाव इस प्रकार बहने लगे कि मानो मन ही तर गया हो। हमारी कल्पना की उड़ान जैसे अंबर को भेद कर तीनों लोकों के पार चली गई, यहाँ तक कि एक पंक्ति में तो हमने धरती के दीवानी हो जाने की बात तक कह डाली जो कुछ इस प्रकार है—

'बरसे बरसे रे अंबर का पानी
जिसको पी-पी के धरती दीवानी
खिलखिलाने लगी है, मुस्कुराने लगी है
भीग गया मेरा मन. . .'

इस गीत से जुड़ा एक और प्रसंग हमें याद आता है। *कैलासा* से पहले नरेश-परेश एक रॉक बैंड का हिस्सा थे, तब उन्होंने हमें अपने एक कॉन्सर्ट में बुलाया था, उसी कॉन्सर्ट में एक अंग्रेज़ी धुन की हुक लाइन तथा उसके संगीत का टुकड़ा हमें काफी पसंद आया। हमें इतना पसंद आया कि उससे प्रभावित होकर पूरा गाना रच दिया और नाम भी हमने चेरापूँजी रखा जो कि हमारी *कैलासा* एलबम सीरीज का महत्वपूर्ण हिस्सा रहा। यहीं से एक छोटे से शब्द ने एक गीत का रूप लिया।

22. इश्क़ हो गया

किसे दिल दा दर्द सुनाऊँ
किसे अपना हाल बताऊँ
गए कितने बदल ज़माने
कोई इश्क़ का मरम ना जाने
मुझे इश्क़ हो गया, मुझे इश्क़ हो गया

कोई दर्दी ढूँढ़ ले आओ
या कोई वैद्य हकीम बुलाओ
कोई टीस, चबक-सी मारे
मेरी साँस भरे हुंकारे
मुझे इश्क़ हो गया, मुझे इश्क़ हो गया

हाए जिगर सालता जावे, पर रोग है खूब रसीला – 2
ना नब्ज़ पड़े ठंडी, ना पड़े बदन मेरा पीला

मैं तो रोगी इश्क़ दा रोगी, मेरे और करीब ना आओ
यह तो रोग पके ना फूटे, यह तो भीतर-भीतर टूटे
मुझे इश्क़ हो गया, मुझे इश्क़ हो गया

'इश्क़' शब्द ही अपने आप में ही एक वाक्य है। प्रेम का दूसरा नाम 'इश्क़' कई अर्थों में पूर्ण है। इसपर अबतक न जाने कितने गाने लिखे और गाए गए, किंतु सभी के भाव भाँति-भाँति के थे। चूँकि प्रत्येक मनुष्य की भावनाएँ भिन्न ठहरी, इसी के चलते हमने इसके बोल साधारण ही रखे जैसे—

'किसे दिल दा दर्द सुनाऊँ, किसे अपना हाल बताऊँ
गए कितने बदल गए ज़माने, कोई इश्क़ का मरम ना जाने
मुझे इश्क़ हो गया, मुझे इश्क़ हो गया. . .'

जब यह गाना बनकर पूरा हुआ तो लगा मानो जैसे शोर से भरी दुनिया में शांति-सी आ गई हो। इसके शब्द सरल थे किंतु भावनाएँ हृदय को भेद रहीं थी। इसी भाव के साथ पूरा हुआ गीत 'इश्क़ हो गया'।

23. पिया घर आवेंगे

चोक पुरावो, माटी रंगावो
आज मेरे पिया घर आवेंगे. . .

खबर सुनाऊँ जो
खुशी रे बताऊँ जो
आज मेरे पिया घर आवेंगे. . .

हेरी सखी मंगल गावो री
धरती अंबर सजावो री
उतरेगी आज, मेरे पी की सवारी
अरी कोई काजल लावो री
मोहे काला टीका लगावो री
उनकी छब से, दिखूँ मैं तो प्यारी

लछमी जी वारो, नजर उतारो
आज मेरे पिया घर आवेंगे. . .

रंगो से रंग मिले, नए-नए ढंग खिले
खुशी आज द्वार मेरे डाले है डेरा
पीहू-पीहू पपीहा रटे
कुहू-कुहू कोयल जपे
आँगन-आँगन है परियों ने घेरा

अनहत नाद, बजाओ री सब-मिल
आज मेरे पिया घर आवेंगे. . .

जैसा कि हमने शुरुआत में ही बताया है कि हमारे गीत केवल मनोरंजन या तुकबंदी के लिए नहीं होते, इसका उदाहरण है 'पिया घर आवेंगे,' जो कि हमारे हृदय के आंतरिक भावों द्वारा उपजा हुआ गीत है। यह बात दिल्ली की है, जब हमारे दो एलबम सुप्रसिद्ध हो गए थे, हम दिल्ली एक कॉन्सर्ट के लिए गए। हम दिल्ली के ही हैं, तो उस दिन होटल छोड़कर हम माँ-पिता जी के पास रुकने चले गए, शाम को पिता जी के साथ कई विषयों पर सत्संग हुआ।

ब्रह्ममुहूर्त में देखा कि पिता जी हर दिन की तरह प्रातः काल प्रार्थना या हरिनाम बहुत ऊँचे और उद्वेलित स्वर में दोहरा रहे थे, 'हरी ॐ हरि ॐ'।

यह हमारे लिए कुछ दैवीय, अनूठा, थोड़ा लुभावना, डरावना-सा अनुभव था। समझ आ गया था कि शायद पिता जी प्रयाण करने वाले है, पिता जी की लौ लगी देख प्रतीत हुआ जैसे वह प्रभु से मिलन की अगवानी कर उत्सव मना रहे हो, जैसे कोई मिलन की प्रतीक्षा का गीत गा रहा हो।

उनका प्रभु के प्रति इतना अटूट तथा विशाल प्रेम देखकर हम स्तब्ध हो कुछ न कर पाने की स्थिति में रहे। जब आप ऐसी स्थिति में होते हैं तो परमेश्वर का संकेत यही है कि आप कुछ न करें. . . जो कर रहा है, जो हो रहा हैं बस अनुभव करें। यहीं से इस गाने का अंकुर पड़ा। कुछ ही पल में देखा तो पिता जी बैकुंठ की और प्रस्थान कर चुके थे। हम तो जैसे एकाएक मौन की स्थिति में आ गए, न हृदय कुछ कह रहा था और न ही मन के भाव। जहाँ सब रो रहे थे, चारों ओर बिलखना व विलाप सुनाई दे रहा था, वहाँ हम बस स्तब्ध और स्थितप्रज्ञ। न बिलखना न रोना। वहीं दूसरी ओर उस संध्या हमारा कॉन्सर्ट था, हमें छुटपन से ही इस बात का ज्ञान था कि हमें ईश्वर जिस भी परिस्थिति में रखे हम उसका प्रभाव किसी अन्य पर नहीं पड़ने देंगे। उस शाम कॉन्सर्ट के दौरान हमारे भावों ने जब बिखरना शुरू किया तो ब्रह्ममुहूर्त का मौन टूट कर ऐसी अवस्था बनी कि उस दिन हमें ये एहसास हुआ कि कितनी भी विकट स्थिति हो, परमात्मा अपनी अपार ऊर्जा के प्रकाश से कैसे हमें घेर लेते हैं। परिस्थिति ऐसी कि शब्द नहीं थे, हमारी भावनाएँ जैसे नदी व दृश्यों का बहाव बनकर बहने लगी हों. . . तत्पश्चात हमारी मौन स्थिति ने टूट कर इस तरह आवाज़ लगाई—

'चौक पुराओ, माटी रंगाओ
आज मेरे पिया घर आवेंगे
खबर सुनाऊँ जो, ख़ुशी रे बताऊँ जो
आज मेरे पिया घर आवेंगे. . .'

पिता जी के अंतिम पलों की स्थिति के भावों ने हमारे मन को इस तरह से भिगोया कि यह गीत संसारियों, संन्यासियों, महात्माओं, वेदवेत्ताओं, ज्ञानियों के हृदय को शृंगार और भक्तिरस में भिगोता है।

24. रंग रंग मा

रंग रंग मा – 2
मेरा रंग रंग मा
ओ जी मेरा रं रंग मा – 2

कोई मीठा, राग सुना के
ए जी सोना, मुखड़ा गाके
बैठी आस, लगा के
साजन आवें, आँगन मा. . .
रंग रंग मा – 2
मेरा रंग रंग मा
ओ जी मेरा रं रंग मा – 2

थोड़े-थोड़े, घेर घुमाके
तीखे-तीखे, नैन चलाके
हौले-हौले, घूँघट ठाके
वो तो रंग गया, मेरा रंग मा. . .

रंग-रंग मा – 2
मेरा रंग-रंग मा
ओ जी मेरा रं रंग मा – 2

हौले-हौले, हौले-हौले
धीरे-धीरे, धीरे-धीरे
हौले-हौले, हौले रंग मा. . .

स्वाभाविक है कि स्रोत या घटकों का कोई तय स्थान या समय नहीं होता, एक प्रस्तुति (कॉन्सर्ट) के समय हमारी एक प्रशंसक एक घेरदार लहँगा पहन कर ध्यानावस्था में नृत्य कर रही थी; उस अवस्था को देख कर हृदय में इस गाने के बीज अंकुरित हुए—

'थोड़े-थोड़े घेर घुमाके, तीखे-तीखे नैन चलाके
हौले-हौले घूँघट ठाके, वो तो रंग गया मेरे रंगमा
रंग रंग मा, रंग रंग मा'

यह थोड़ा विलग-सा प्रतीत हो रहा था क्योंकि सामान्यतया ऐसे कृत्य किसी घटना या आयोजन पर देखने को मिलते हैं और यह ठहरा एक मंच जहाँ पहले से नाद ध्वनि, तालियाँ, सीटियाँ, कोलाहल प्रचुर मात्रा में हैं परंतु परमात्मा तो घट में बैठे हैं और एकाग्र समाधिष्ठ हो शब्द भाव बन बह जाते हैं। फलस्वरूप ऐसे बना यह गीत।

25. कर-कर मैं हारा

यूँ तो तेरी याद में भी, स्वाद है तेरा
पर आँखों को, मनाऊँ किस तरह
होंठों की, मज़ाल क्या जो करें, ये सवाल
पर दिल को, मैं समझाऊँ, किस तरह
सत या असत है, ये मैं क्या जानूँ
जैसे साँसें, तेरे बिना, हुई गुम

कर-कर मैं हारा, हर जतन
तेरी तड़प, तेरी ही लगन – 2
परदा ये जब हट जाएगा – 2
अंबर को धरती से, मिलाऊँगा मैं
कर-कर मैं हारा. . .

भूला-भूला, खोया-खोया, भटका फिरूँ मैं, तेरी चाह में
तक-तक, अंख मुरझाई, पथराई, तेरी राह में – 2

आँखों में मेरी जो, समाएगा – 2
पंख बिना ही, उड़ जाऊँगा मैं. . .
कर-कर मैं हारा. . .

कभी-कभी धूप, कभी छाँव, तू ही है, पहचान लूँ
या तो मुझे हंसा बना दे, तो मैं तुझे, जान लूँ

ख़ुशबू से जो तू बाहर, आएगा – 2
सूरज को गोद में, खिलाऊँगा मैं. . . कर-कर मैं हारा. . .

कर-कर मैं हारा 'कैलासा चाँदन में' की आठवीं रचना थी। सात गीत पूरे किए जा चुके थे, ये अंतिम गीत भी हमें एक ही रात में पूरा करना था। हमारी दुविधा का आलम यह देखिए कि अगले दिन हमारा कार्यक्रम था, और समय केवल रात्रि ही शेष। काफ़ी अनचाही भावनाओं के साथ हमने प्रयास किया कि इसे किसी तुकबंदी के साथ निपटा दिया जाए, किंतु भीतर जो परम शक्ति बैठी है वह कभी भी हमको हल्की बात करने ही नहीं देती है।

संगीत ही हमारा प्रेम है, परमात्मा से मिलन का तार है। वह केवल तुकबंदी का हिस्सा मात्र हो ऐसा तो संभव ही नहीं किंतु मध्य रात्रि तीन बजे हम लोग एक तुकबंदी का गाना शुरू कर भी चुके थे। तब ही कैलासा मंडली को; जिस पर वह साउंड चिपका रहे थे उन्हें रोका, और अपने इंजीनियर को बोला कि हमें जल्दी रिकॉर्ड करो और वहीं की वहीं नई धुन नए शब्द परमेश्वर ने रच दिए।

जैसे हमारे महादेव ने हमारे हृदय में भावों को उत्पन्न किया—

'यूँ तो तेरी याद में भी, स्वाद है तेरा
पर आँखों को मनाऊँ, किस तरह
होठों की मज़ाल क्या, जो करें ये सवाल
पर दिल को में समझाऊँ, किस तरह
सत या असत है, ये मैं क्या जानूँ'

हमारे शब्दों का चयन सदैव अत्यंत प्रभावी रहा है, जैसे सत या असत शब्द का हमने चयन किया ताकि रोचकता का अनुभव और गहरा हो सके। हम सच या झूठ लिख सकते थे जो कि दिखता भी और बिकता भी। परंतु हमारे भाषा कोष में, हमारी बोलियों में इतनी सुंदरता होने के बावजूद भी हम कुछ ही शब्दों का प्रयोग कर पाते हैंपर जैसा कि हमारे प्रशंसक जानते हैंकि हम थोड़ा अलग, थोड़ा पगले हैं और जो सब नहीं करते वो हम करते हैं ।
इस गीत में हमने एक ऐसी स्थिति का उल्लेख किया जो दिखती तो सबमें है पर होती किसी-किसी में है– जैसे परमात्मा आँख तो सबको देते है पर दृष्टि किसी-किसी को, यही अंतर है कौवा और हंस में—

'कभी-कभी धूप, कभी छाव तू ही है, पहचान लूँ
या तो मुझे हंसा बना दें, तो में तुझे जान लूँ. . .'

26. रंगीले

उछला तो अंबर की, कोली भर के, चिपका
पिघला तो सूरज को, चूमने को, लपका

गुणा, भाग, जोड़, हो
तो हर फंदे का, तोड़ हो
भर-भर घूँट, होश के, तो पी ले. . .

ओ रंगीले, हाँ रंगीले
ओक से तो, पी ले. . .
ज़रा. . . ओक से तो पी ले
अरे हा रंगीले, हो रंगीले

एक दो बार, तो दो चार
फँसा ले, फँसा
करके देख, मरके देख
जीने का मज़ा
घोट-घोट पी ले जो, इश्के दा बूटा
धुन रे धुन, दिल की सुन
क्या सच्चा झूठा

उड़ जा और चहक ज़रा
झूम और महक ज़रा
सत्कर्मों के खा ले, फल रसीले
ओ रंगीले. . .

करले पार, जो मझधार
है तेरी, नौका
लेके चाव, भरले दाँव
यही है, मौका
इक्का हो या दुक्का हो
तीया, या चौका
बन सँवर, ले हुनर, किसने है रोका

हवा-सा नशीला बन, मेघ-सा रसीला बन
जुगनूँ जैसा, जगमगा के, जी ले
ओ रंगीले. . .

गीत 'रंगीले' की प्रेरणा इतनी भिन्न तथा विलग थी कि इसका शब्दों में उल्लेख कर पाना असाधारण मालूम पड़ता है। कुछ ऐसे शब्द जो गाँव की माटी, हरियाली का सुकून, मटके का पानी और कच्ची सड़कों की बैलगाड़ी की सुध को झलकाते हों, हमारी आत्मा को तृप्त कर देते हैं, तब ही माटी से सना यह शब्द 'ओक' हमारा स्रोत बना।

दोनों हथेलियों का मिलान करते हुए मणिबंध रेखा पर होंठ लगा कर जल पीने को 'ओक' से पीना कहा जाता है। अधिकांश गाँव के प्याऊ पर लोग 'ओक' से पानी पीते दिखते हैं, उसी के परिणामस्वरूप बना ये गीत—

'ओ रंगीले ओ रंगीले ओक से तो पी ले'

चूँकि सत्यता के धागे को पकड़ कर जीना, जीवन का स्वाद और बढ़ा देता है इसलिए यदि हम बनावटी होना भी चाहें तो हम इसमें सक्षम नहीं हो पाते हैं ।

27. तू क्या जाने

तू क्या जाने, तू क्या जाने
तू बिन दिल, बिन जज़्बात, अल्ला जाने
मेरे जी की बात, तू क्या जाने. . .

भूली नहीं, अभी चाँदनी रातें, भूली नहीं, तेरी प्यारी बातें
तुझ बिन ये दिन नहीं भाते, क्या बताएँ हम
वोही खिले-खिले सपने सलोने, बस गए हो जो, कोने कोने
बन गए जज़्बात खिलौने, दिल तड़पे पर, तू क्या जाने. . .

उनकी आदत ही है, वो तो – 2
उनकी फितरत ही है, वो तो खेलते हैं
खेलके फिर, तोड देते हैं
उनकी आदत ही है, वो तो खेलते हैं
खेलके, फिर तोड़ देते हैं. . .

या तो तुम ही, मेरे दिल को, पत्थर कर दो जी

तू क्या जाने, तू क्या जाने – 2
हे तू बिन दिल, बिन जज़्बात
अल्ला जाने, मेरे जी की बात, तू क्या जाने. . .
तू बिन दिल, बिन जज़्बात, अल्ला जाने. . .
गुजरे है यूँ ही साल महीने, कह दिया आँखों की, नमी ने
पढ़े मेरे हालात सभी ने, तुम ही जाने ना
कर दिया दिल तार-तार है, बाज़ी अब आर-पार है
सर पे अब जिद सवार है, जग हारे, मैं हारूँ ना. . .

तू क्या जाने, तू क्या जाने – 2
हे तू बिन दिल, बिन जज़्बात
अल्ला जाने, मेरे जी की बात, तू क्या जाने. . .
तू बिन दिल, बिन जज़्बात, अल्ला जाने. . .
आजा वे दिल दा, आख़िर वे. . .

'तू क्या जाने' गीत अपने आप में एक कहानी है, जिसे गीत के रूप में सुनकर पूरी घटना का अनुभव किया जा सकता है। उन दिनों ये हमारे मनोभाव से प्रेरित गीत रहा जिसमें हमारे भाव तथा अनुभव जुड़े थे, यह बिरहा की तपिश थी जिसमे दर्द भी दर्द की अनुभूति नहीं करवाता किंतु दर्द में सुख का अनुभव होता है, इसमें एक आमंत्रण भी था और समर्पण भी।

विरह का उलाहना भावनाओं के इतने गहरे कुँए में डूब जाता है, जिसमें आप अपने प्रेमी से प्रश्न भी करते हैं, रुष्ट भी होते हैं किंतु जीते हैं समर्पण की पराकाष्ठा तक—

'तू क्या जाने, तू क्या जाने
तू बिन दिल, बिन जज़्बात
अल्लाह जाने मेरे जी की बात. . .'

इस गीत के भाव को साधक गण (आर्टिस्ट) व क्रियात्मक क्षेत्र के जन बहुत पसंद करते हैं तथा जिस तरह के बोल हैं, छायांकन (वीडियो) भी ठीक वैसा ही है।

28. अलबेलिया

कोई परदा, कोई ओलट, मेरी ही आँखों में, मारे हैं ताना -2
जब झिझकी, जब काँपी, होंठों की जोड़ी तो
मैंने, हाँ मैंने, जाना. . .
मैंने, मैंने हाँ जाना. . .

मैं तो आज़ादी में भी, क़ैद हो गई
मेरे अलबेलिया, तू खेलिया
अलबेलिया मैं, तू खेलिया

बदला है शीशा, या मैं हो गई, नई
मेरे अलबेलिया, तू खेलिया. . .

मैं जो दुनिया का चेहरा निहारूँ, उनको ही पाऊँ
पर वो जब भी मेरी और देखें, चेहरा छुपाऊँ, हाँ. . .

ख़्वाबों में हाँ, मेरे ख़ुदा,रंग भर रहे हैं
उनका जुनूँ और मेरी जाँ, इक कर रहे हैं
हाय लुटने में, कितना मज़ा है, कैसे बताऊँ. . .
देखूँ खुद को, तो जैसे, और है कोई. . .
मेरे अलबेलिया, तू खेलिया
झूठी मैं झूठी ठहरी, तू सही-सही
मेरे अलबेलिया, तू खेलिया. . .

यह पूरा विश्व मनुष्य की कल्पनाओं का ही प्रतिरूप है, 'अलबेलिया' मूलतः पहले से निर्मित शब्द नहीं, हमारे हृदय में ईश्वर द्वारा रचा, उस समय की भावना का प्रतिबिंब है। चूँकि शब्दों को हम नहीं स्वयं महादेव गढ़ते हैं।

हमारी कल्पनाओं की उड़ान अनंत तक है, हमारे हृदय के शब्दों का सार्थक होना, सिद्ध होना, निश्चिंत इसलिए हुआ कि शब्दों का बरसना इस प्रकार शुरू हुआ—

'कोई परदा, कोई ओलट, मेरी ही आँखों में मारे है ताना
जब झिझकी, जब काँपी, होठों की जोड़ी तो
मैंने हाँ जाना, मैं तो आज़ादी में भी क़ैद हो गई
मेरे अलबेलिया. . . तू खेलिया'

हमारे भावों, कल्पनाओं की उड़ान ने यही तक का रुख़ नहीं किया अपितु यह इतनी बुलंद हुई कि आगे भाव और गहरे होने लगे और कुछ पंक्तियाँ इस तरह आईं—

'मैं जो दुनिया का चेहरा निहारूँ, उनको ही पाऊँ
पर वो जब भी मेरी और देखें, चेहरा छुपाऊँ
ख़्वाबों में हाँ, मेरे ख़ुदा, रंग भर रहे है
उनका जुनूँ, और मेरी जाँ, इक कर रहे हैं
हाय लुटने में कितना मज़ा है, कैसे बताऊँ
देखूँ ख़ुद को तो, जैसे और है कोई
मेरे अलबेलिया तू खेलिया. . .'

29. यादाँ तेरियाँ

गिन-गिन तारे, कट दियाँ, सूनीयाँ राताँ
याद कराँ, जब तेरियाँ, मीठियाँ बाताँ

अल्लाह, मौला
अल्लाह,मौला
यादाँ तेरियाँ. . .यादाँ तेरियाँ
जी नूँ तड़पावे, जावे, यादाँ तेरियाँ. . .

मदद करो, कोई बिरहा, अगन बुझाओ
कोई दिलवाला, मेरे सजन नू, मोड़ ले आओ – 3

अल्लाह, मौला
अल्लाह,मौला
यादाँ तेरियाँ. . .यादाँ तेरियाँ
जी नूँ तड़पावे, जावे, यादाँ तेरियाँ. . .

तेरियाँ यादाँ
अल्लाह हा आ

जिस प्रकार हमारे गीत सामान्य होते हुए भी थोड़े असामान्य और विलक्षण होते हैं, उसी प्रकार हमारे गीतों के स्रोत व उपज भी, कुछ अलग ही होते है।

'यादाँ तेरियाँ' भी एक भिन्न परिस्थिति की उपज है — प्रारंभ में अंतर्राष्ट्रीय डीजे 'पॉल ओकनफोल्ड' के मैनेजर का हमें कॉल आया, और उन्होंने हमारे प्रसिद्ध गीत 'बम लहरी' को मिश्रित (मिक्स) करने का निवेदन किया, हमने उनका न केवल निवेदन स्वीकारा बल्कि उन्हें मूल नवनिर्मित धुन के साथ ये शब्द भी भेजे।

उन्होंने हमको दोनों गानों के लूप भेजे परंतु किन्हीं तकनीकी कारणों से यह प्रकल्प सिरे न चढ़ सका, पूरा न हो सका। उनके साथ तो जुड़ाव नहीं हो पाया परंतु मेरे परमात्मा के साथ *कैलासा* का मुक्तक आत्मसात् होना संभव हुआ और ये गाना निर्मित हो गया।

इस गीत को कश्मीर के श्रीनगर तथा गुलमर्ग नगरों में फ़िल्माया गया, जहाँ कहीं बर्फीली वादियाँ, तो कहीं झील और झरने, कहीं जलमग्न कश्तियाँ, और उनमें तैरता शहर तो कहीं ख़ूबसूरत नज़ारे— इस अनुभव को शब्दों में पिरोया जाना सामान्यतया संभव नहीं परंतु *कैलासा* पर तो महादेव की कृपा है, जहाँ–'शंभू करोति सब संभव' इस प्रकार रचा गया 'यादाँ तेरियाँ'

30. डारो ना रंग

डारो ना रंग, मो पे, डारो ना रंग
अरी हे री, मैं तो, मरी जात हूँ, जात हूँ, मो पे -2

लाल नाहीं डारो, गुलाबी नाहीं डारो
जोगिया बसंती, हे तेजाबी, नाहीं डारो
हे जी नीला ना डारो, पीला ना डारो
अजी जाओ ना सताओ, मोहे, जाओ ना सताओ

अरी हे री, मैं तो, मरी जात हूँ, जात हूँ, मो पे. . .
डारो ना रंग मो पे, डारो ना रंग – 2

देश-वेश बोली, में न्यारी चहक है
साँसों में हमरी, तिहारी महक
हे रंगीले-रंगीले, सजीले-सजीले
तेरे नैनों का सावन, भिगोए मेरा मन

अरी हे री मैं तो, मरी जात हूँ, जात हूँ, मो पे. . .
डारो ना रंग, मो पे डारो ना रंग. . .

'डारो ना रंग' एक बहुत ही रोचक घटना से जन्मा गीत है। यह बात तब की है जब हम अपने एक अभिनेता मित्र के साथ उसके गाँव (केरल) जा रहे थे। कंफर्म टिकट न मिलने पर भी जाना आवश्यक था। आरक्षित बोगी की प्रतीक्षा सूची में टिकट मिली, तो हम ट्रेन में तो चढ़ गए किंतु सीट नहीं मिल पाने की वजह से हम गैलेरी में अख़बार बिछाकर कर ही यात्रा कर रहे थे। ट्रेन कुछ दूरी पर जैसे ही दौड़ी हमने ये अनुभव किया कि रेल की छुक-छुक एक रिदम अथवा लय में बज रही थी, जैसे—

छुक छुक छुक छुक

और बीच में बजने वाले हॉर्न की तालमेल ने हमें एक धुन की ओर खींचा जो कुछ इस तरह से शब्दों में बयाँ हुआ—

'डारो ना रंग मोपे डारो ना रंग डारो ना रंग मोपे डारो ना रंग अरि मैं तो मरी जात हूँ'

इस गीत की विशेष बात यह है कि इसमें द्विअर्थीय (अलग-अलग अर्थों वाले) भावों का प्रयोग हमने किया— इस गीत में चंचलता के भावों को शब्दो में पिरोना हमारे लिए आसान इसलिए हुआ कि दुनिया को हम बचपन से ही रंग बदलते देखते आए हैं, तो हमने रंग का प्रयोग इन भावों के लिए सहज ही कर लिया। जैसे इस गीत में कथन है 'डारो ना रंग' परंतु भाव है उसके विपरीत अर्थात नायिका चाहती है कि **'रंग डारो,'** ठीक उसी प्रकार जिस प्रकार एक मुहावरा है–'मन मन भावें मूँड़ हिलावे'

31. कथागान

एक सुनाऊँ, कथागान मैं, सुनो लगाके ध्यान
एक बंजारे की, अटक गई, एक रूपवती में, जान

एक बरगद का सा पेड़, घनी सी छाया
कोई जादूगरनी है या, है कोई माया

तू गैल चले तो, मोती पिराऊँ
ना मिले मुझे तो, जीते जी मर जाऊँ

मस्तक पे छापके, तिलक, चला जग भीतर
तेरी पलक भवें, ऐसे नाचें, जैसे तीतर

और बगले जैसे डोए, नैना अशरफ़ी
तेरे मीठे-मीठे बोल, लगे, जैसे बरफ़ी

ओ छलिया ओ, छलिया

तू हुकम करे, तो सभी वचन, भर लूँगा
बस तुझे निहारूँ, बनूँ, मौन और गूँगा

एक राजा की है तू तो, राजदुलारी
मैं बंजारा, पर लगे मुझे तू, प्यारी

कोई रूपवती सी, बनी-खड़ी, रस्ते में
यह सौदागर तो बिका, बिका सस्ते में
सस्ते में सस्ते में सस्ते में सस्ते में सस्ते में. . .

चले खूब तुरप की चाल, लगाके, रंगों का ताँता
रचना के रचनाकार का, खेला, समझ नहीं आता

ओ छलिया ओ, छलिया. . .

जैसा कि गीत के नाम से ही प्रतीत होता है 'कथागान' अर्थात कहानी को गायन शैली से कहना जिसमें आपके बोल विशेषतः आपकी कल्पनाओं का ही स्रोत होते है और आप अपनी कल्पना के सागर को शब्दों के गागर में रच देते है। परिणामतः आपके शब्द, आपके विचार, आपके गीत बन जाते हैं और धुन में ढल कर, श्रोताओं के हृदय की आवाज़ बन जाते हैं, इसलिए हमारे बहुत से गानों को सुनकर कुछ प्रशंसक तो, कई बार बोल चुके है कि 'यह तो आपने हमारे ही उद्गार लिखे हैं'

कथाज्ञान गीत हमारे अंतस् का वह भाव है, जिसे आधुनिक युग का पारंपरिक रैप ही कहेंगे। इस गीत में एक रोचक कहानी है, वह कहानी तब ही आनंददायक होगी जब उसमें, सही शब्दों का सही तरह से भावपूर्ण प्रयोग हो, जो कि इस गाने में हुआ। और ये गीत सामान्य व विशेष मनुष्य की कल्पना के समानांतर गीत बना। जो भी सुनता है कहता है 'यह तो मेरा गाना, मेरी कहानी है!'

'एक सुनाऊँ कथागान मैं, सुनो लगा के ध्यान
एक बंजारे की अटक गई, एक रूपवती में जान
एक बरगद का सा पेड़, घनी-सी छाया
कोई जादूगरनी है, या कोई माया. . .'

32. बाबा जी

एक अचंभा गाऊँ, मैं मन के ठाठ, सुनाऊँ – 2
जब कभी-कभी. . .
मेरे बाबा जी निहारें, असमान से
ओ मेरे बाबा जी निहारें, असमान से

कोई समझेगा, समझनहारा,
हो निस्तारा, कैसे बिन भक्ति
अजी कोई सच्चा, सबद सुमिर ले
मरम समझ ले, पा जावे मुक्ति

उनके नैन, नैन की छाया, सब जग परे-परे
अरे जब बैठा, उनकी गोदी, फिर क्यों डरे-डरे
सब हैं पास तेरे, तू क्या माँगे, भगवान से
मेरे बाबा जी निहारें, असमान से. . .

कभी बहलावें मन, सहलावें तन
मुसकावें, तक-तक मुख मेरा
तीन तिरलोक बसे, तेरे घट भीतर
बतलावें, मिटावें अँधेरा – 2

हो कोई प्यारा, जग से न्यारा, या कोई जोगी, जती
उड़ा सा डूबा, डूबा सा, हो जिसकी भंग मती
हँसता-हँसता रहता हूँ, उनके वरदान से
मेरे बाबा जी निहारें,
आसमान से – 2

एक अचंभा गाऊँ,
मैं मन के ठाठ सुनाऊँ
एक अचंभा गाऊँ मैं
मन के ठाठ सुनाऊँ,
जब कभी-कभी
मेरे बाबा जी निहारें,
असमान से – 2
हो मेरे बाबा जी निहारें,
असमान से
मेरे बाबा जी निहारें,
असमान से. . .

'बाबा जी' गीत गहन संवेदनाओं से भरे एक प्रसंग का रूप है, बल्कि हम तो कहेंगे कि यह मात्र गीत ही नहीं, परमात्मा ही हैं, जो उद्‌गार बनकर गीत में ढल गए। इसके उद्भव की कहानी इस प्रकार है — जब हमारा पुत्र (कबीर) गर्भस्थ था, एक बार रात्रि में बात करते हुए, उसकी माँ ने हमसे कहा कि 'मुझे बहुत स्वप्न आते है, आप स्वप्न नहीं देखते क्या ?' तो हमारे मुख से अनायास ही निकला 'हम स्वप्न नहीं देखते, स्वप्न हमें देखते हैं' और यहीं से परमेश्वर घट में उतर गए, शब्द, उद्‌गार, और गीत बनकर। हम उस कमरे की ओर भागे जिधर हमारा हारमोनियम था और तब ही ये पंक्तियाँ धुन के साथ फ़ोन में रिकॉर्ड कीं—

'एक अचंभा गाऊँ, मन के ठाठ सुनाऊँ
जब कभी-कभी
मेरे बाबा जी निहारें, आसमान से. . .'

हमारे हृदय के भाव इस प्रकार बहे मानो हमारे बाबा जी (महादेव) अपने बालक को प्रेम से निहार रहे हों, और बालक उनके निहारने को निहार रहा है. . . जैसे उमंग में नाच रहा है, गा रहा है।

33. ओ जोगी

बढ़ के नीचे, डेरों पीछे
तपता था, इक जोगी – 2
लगी जो सुरती, उस जोगी की
खंडित कैसे होगी

उसी थली पे, हूर परी एक, आई, तप भंग करने
नाच-नाच के, गा शरमाके, छैल लगी जब भरने
और कहन लगी. . .

थारी चिट्टी-चिट्टी चादर, हो मटमैली, करलो जी
ओ जोगी, ओ जोगी, मने चेली करलो जी – 2

अंटा खा के, भसम रमा के, उतरी गंगा नहाने
हाड़ मांस के, कोयले कर दिए
खाल दई रंगवाने – 2

ए जी, हाँ जी, थारी खूब करूँगी, सेवा
अजी सेवा, हाँ उम्हाऊँ जी
म्हारी आन रखो, पत खेवा – 2

एक पाँव पे, धूनी रमाऊँगी
खड़ी रहूँ, जप तपने
सुरग से, बिन सीढ़ी के, उतरी
थारा ध्यान लपकने. . .
फिर रटन लगी. . .

थारी चिट्टी-चिट्टी चादर, हो मटमैली, करलो जी
ओ जोगी, ओ जोगी, मने चेली करलो जी – 2
सारे हुकुम भरूँगी, सेवा करूँगी, पाँव दबाऊँगी जी
ओ जोगी, ओ जोगी, मने चेली करलो जी – 2

जैसे-जैसे करोगे, जैसे कहोगे
वैसे करूँगी जी
ओ जोगी, ओ जोगी,
मने चेली करलो जी – 2

यह एक समर्पण का गीत है, जिस तरह 'बम लहरी' में माँ पार्वती के प्रसंग की कथा समाहित थी उसी प्रकार की प्रसंग झलक 'ओ जोगी' में भी देखने को मिलती है। 'ओ जोगी' एक प्रतीकात्मक स्वरूप से लिखा हुआ गीत है। भक्ति और समर्पण का अतिरेक इसमें सहज ही अंकित होता गया—

'बढ के नीचे, डेरों पीछे, तपता था इक जोगी
लगी जो सुरती, उस जोगी की, खंडित कैसे होगी
उसी थली पे हूर परी एक, आई जप-तप करने
नाच-नाच के गा-शरमा के, फैल लगी जब भरने
और कहन लगी. . .
म्हारी चिट्टी-चिट्टी चादर, हो मटमैली करलो जी
ओ जोगी, ओ जोगी, मनें चेली करलो जी. . .'

मानो, आस्था के भाव में एक नायिका अपने नायक के प्रति पूर्ण समर्पण व्यक्त कर रही हो।

34. वारी-वारी

मैं वारी-वारी, जाऊँ मैं, वारी-वारी – 2
बलिहारी वारी, जाऊँ मैं, वारी-वारी
तेरी हाँक भरूँ, भरूँ तान पपिहाई
तेरी हाँक भरूँ, भरूँ तान पपिहाई

एक पाँव पे, उछल मरूँ
मरूँ, प्राण उत्साही – 2

हो जोगन बन-बन झूमूँ
बैरागन बन-बन – 2

खोल दुशाला, चकराऊँ
इतराऊँ बन-ठन. . .

मैं वारी-वारी, जाऊँ मैं, वारी-वारी – 2
बलिहारी वारी, जाऊँ मैं, वारी-वारी

अनहद, रूप धरूँ
धरूँ, रंग सतरंगा
हो तेरी मणि से जो,
चमकूँ-दमकूँ
मिटे, सब शंका
हो बावल-बावल झूमूँ
मैं चातक बन-बन. . .

खोल दुशाला, चकराऊँ
इतराऊँ, बन-ठन. . .

मैं वारी-वारी, जाऊँ मैं, वारी-वारी – 2
बलिहारी वारी, जाऊँ मैं, वारी-वारी

यह गीत नायक का नायिका एवं नायिका का नायक के प्रति प्रेम तथा संपूर्ण समर्पण का एक उत्कृष्ट उदाहरण है।

एक दिन, हमारे मित्र अनिल पांडेय घर पर आए हुए थे, जिनका गीत 'सूरज हुआ मद्धम' काफ़ी प्रसिद्ध हो चुका था। वह अच्छे गीतकार के साथ-साथ हृदयवान भी हैं। उन्हीं के साथ विचार-विमर्श व सत्संग करते करते इस पूरे गाने की रचना हो गई—

'वारी वारी जाऊँ में वारी वारी जाऊँ'

हमारी सरलता, सहज जीवन शैली ही, हमारा आध्यात्म है, हमारे हृदय में एक शब्द आया 'हाँक' जिसने 'वारी वारी' गीत में, रेखांकित होकर अपनी पहचान बनाई—

'तेरी हाँक भरूँ, भरूँ तान पपीहाई
एक पाव पे उछल मरूँ, मरूँ प्राण उत्साही
जोगन बन बन घूमूँ, बैरागन बन बन. . .'

35. मेहरबानी तेरी

धीमे-धीमे, नशा चढ़ने दे
रोएँ-रोएँ को, नम पड़ने दे
रोक मत, तेरी हद बढ़ने दे
मेरी ज़िद को भी, सर चढ़ने दे
मेरे होशों के, गुम होने तक
होगी. . .
मेहरबानी तेरी – 2
मेरी रूह, खोने तक – 2

भरके भी, कर रहा, यूँ का यूँ, खाली क्यूँ
मरके भी, जी रहा, मुझमें तू, हू-ब-हू

ये दग़ा, भी दुआ, लग रहा, ऐसा क्यूँ
दरमियाँ, मेरी हाँ, तेरी ना, रू-ब-रू

तेरे ज़ालिम, हुनर, पढ़ने दे
घोला तूने ज़हर, चढ़ने दे
मेरा खपती जुनूँ, बढ़ने दे
ठहर मेरे तबाह, होने तक
होगी, मेहरबानी तेरी
मेहरबानी तेरी
मेरी रूह, खोने तक

तेरा भी, मेरा भी, एक ही, है ख़ुदा
मेरा दम, तेरा ख़म
इश्क़ है, पर जुदा
तू दुखा, दिल दुखा, दे ज़रा, और मज़ा
ना चुरा, आँखें यूँ, करना यूँ, जाँ फिदा. . .

तेरे ढंग, मेरे रंग, पिसने दे
थोड़ी सी ये ज़मीं, खिसने दे
ज़रा सा आसमाँ, रिसने दे
थम तो मेरे, फ़ना, होने तक

होगी मेहरबानी, मेहरबानी तेरी
मेरी रूह, खोने तक – 2

इस गीत के बोल एक ऐसी मनःस्थिति से उपजे, जिसे केवल महसूस किया जा सकता है, दुख की ऐसी अवस्था जिसे हँसते-हँसते उत्सव की तरह मनाया जा सके। अर्थात 'पीड़ा का उत्सव' जिसकी कल्पना ही हमको वो शक्ति देती है, जो असंभव को संभव में परिवर्तित कर सके । दुख को, जीवन का अध्याय मानकर उससे कुछ सीखना और उस सीखने को नाचते-गाते धन्यवाद भाव से जी लेना ही, इसका सार है—

'धीमे धीमे नशा चढ़ने दे, रोंएँ-रोंएँ को नम पड़ने दे
रोक मत, तेरी हद, बढ़ने दे, मेरी ज़िद को भी, सर चढ़ने दे
मेरे होशों के गुम होने तक, होगी मेहरबानी तेरी
मेरी रूह खोने तक. . .'

36. बेरुख़ियाँ

आगे ठगों की, बस्ती है
चुपचाप ठगे जाना
वहाँ डायन डसती है
खुद आप डसे जाना – 2

बात कर, मोहब्बातियाँ
अरे ओ, उलफतियाँ
मोहब्बातियाँ, अरे ओ उलफतियाँ
तेरी बेरुख़ियाँ, तेरी बेरुख़ियाँ
हो तेरी बेरुख़ियाँ
क्या जाने, किसे दा. . .

हो तेरी बेरुख़ियाँ, क्या जाने
किसे दा दिल दुखियाँ

दिल दुखियाँ, दिल दुखियाँ
दिल दुखियाँ, दिल दुखियाँ
दिल हाँ हाँ, दिल दुखियाँ. . .

जो तूने किया, वो इश्क़ नहीं था
खेल था, वो भी, इकतरफ़ा
तो फिर कैसे, पाठ छपेंगे
सोच ज़रा, मुस्तक़बिल में
तेरे ख़यालों का, कैसे हो जाऊँ

बेदम, बेदिल, बेपरवाह
सीधी पकड़, किताब, पलट बहीखाता
झाँक ज़रा, अपने दिल में
ये अँधियारी, रात है
बंद आँख, कदम धरना
ख़तरे में, बिसात है

बेबाक, चाल चलना
चाल चल, मोहब्बतियाँ
अरे ओ, उलफतियाँ
चाल चल, मोहब्बतियाँ
अरे ओ, उलफतियाँ
सदके तेरी, बेपरवाहियाँ
हाये मैं, मर मिट्याँ
ओ तेरी, बेरुख़ियाँ
क्या जाने, किसे दा दिल दुखियाँ
बेरुख़ियाँ बेरुख़ियाँ बेरुख़ियाँ – 3

‘बेरुख़ियाँ’ हमारे अनुभवों की उपज है, इस पृथ्वी पर कुछ हृदय अति संवेदनशील होते है, किंतु उन्हें भी दुखाने के लिए हमारे इर्द गिर्द की ही दुनिया ज़िम्मेदार होती है,

कभी-कभी अनुभव होता है कि यदि दुख नहीं होगा तो सुख क्या है, इसका अनुभव मानवों द्वारा किया ही नहीं जा सकेगा।
बेरुख़ियाँ इसी परिस्थिति का पर्याय बना, जिसमें दुख और सुख की भिन्नता, संवेदनशीलता-असंवेदनशीलता का अंतर, और उससे जन्मे अनुभव ही गीत के बोल बने—

‘आगे ठगों की बस्ती है, चुपचाप ठगे जाना
वहाँ डायन डसती है, ख़ुद आप डसे जाना
चाल चल मोहब्बतियाँ, अरे ओह उल्फ़तियाँ
तेरी बेरुख़ियाँ, क्या जाने
किसे दा दिल दुखेयाँ. . .’

37. इश्क़ अनोखा

देह नैन बिन, चंद्र रैन बिन
दरिया ल़हर बिना, सागर ठहर बिना
दरिया ल़हर बिना, हो सागर ठहर बिना
हे तू नादिया मदमाती, तू हवा बन इठलाती
हम धूप की चट्टानें, तू हँस-हँस पिघलाती

है मेरा इश्क़ अनोखा है री -2

बस जताना, नहीं आता, हाँ बताना, नहीं आता
है मेरा इश्क़ अनोखा है री, है मेरा प्रेम निराला है री. . .
तेरे बिन मैं, मैं तेरे बिन, जैसे देह बिन, प्राण, हे री गोरा
हथेली पे रख लाया जान, तेरे बिन मैं, मैं तेरे बिन
जैसे देह बिन, प्राण, हे री गोरा
हथेली पे, रख लाया जान

हे तू नादिया मदमाती, तू हवा बन इठलाती
हम धूप की चट्टानें, तू हँस-हँस पिघलाती

है मेरा इश्क़, अनोखा, है री
है मेरा इश्क़, अनोखा, है री

परमात्मा ने हम पर सदा अपनी विशेष कृपा रखी। और हमको सरलता के अभ्यास में रखा, संसार जैसे जीता है, हम उससे थोड़ा अलग हैं। हम जन्मदिन को अपने उद्देश्य, लक्ष्य के स्मृति दिवस के रूप में मनाते हैं। जिससे उस दिन हमें अपने कर्तव्य का अधिक बोध होता हैं। इसका तात्पर्य यह है— यदि हमारे जीने का अंदाज़ अलग है तो ऐसा नहीं कि हम संसार में नहीं जी रहे, या संसार के साथ नहीं जी रहे। बस कुछ कृत्यों में संसार की तरह नहीं जी रहे। यही है इश्क़ अनोखा—

'है मेरा इश्क़ अनोखा, है री,
बस जताना नहीं आता
हाँ, बताना नहीं आता. . .
तेरे बिन मैं, मैं तेरे बिन ,
जैसे देह बिन प्राण,
हे री गोरा
हथेली पे रख लाया, जान. . . . .'

38. स्याह तारा

जब भी मैं, ख़्वाबों में, होता हूँ
सबको है, लगता, मैं सोता हूँ
होता हूँ, सबसे जो, मैं जुदा
उसकी, पनाहों में, होता हूँ

दुनिया, में जो भी, अलग है
लगता क्यूँ, सबको, ग़लत है
शिद्दत से, आगे है, ज़िद मेरी
और वो भी, मुद्दत, तलक़ है

सबकी नज़र में, मुँहज़ोर हूँ
अपनी नज़र में, कुछ और हूँ
अनाम भी, बनाम भी
तुझमें छुपा हूँ, पहचान भी

स्याह तारा, स्याह तारा – 3

सबसे मैं, जब दूर जाता हूँ
खुद ही दिल, अपना दुखाता हूँ
बर्फ़ीले धूप ले हाथो में
फिर चाँद को भी, जलाता हूँ
सबकी नज़र में मुँहज़ोर हूँ
खुद की नज़र में, कुछ और हूँ
अनाम भी, बनाम भी
तुझमें छुपा हूँ, पहचान भी
स्याह तारा स्याह तारा – 4

गीत 'स्याह तारा' किसी घटना की उपज नहीं है, बल्कि हमारे जीवन की कहानी है। कई बार ऐसा प्रतीत होता है, मानो जो हमारे नज़दीक हैं वही हमारी नज़दीकियाँ समझ नहीं पा रहे हों, हमारे भाव, हमारी परिस्थिति औरों से अलग थी, हम परिवार के कुलद्रोही साबित हो रहे थे, जैसे 'ब्लैकशीप'। हम वह तारा थे जिसमें चमक ऐसी कि आँखें चौंधिया जाएँ किंतु यह चमक लोग देख नहीं पा रहे थे, इस तारे को हमने संबोधित किया 'स्याह तारा' तथा उस समय के अपने जीवन के प्रतिबिंब को दर्शाते हुए हमारे बोल निकले—

'सबकी नज़र में मुँहज़ोर हूँ
अपनी नज़र में कुछ और हूँ. . .'

हमारे मन के भावों ने यहीं विराम नहीं लिया और आगे शब्दों ने कुछ इस तरह अँगड़ाई लेते हुआ बयाँ किया—

'जब भी मैं ख़्वाबो में होता हूँ, सबको है लगता, मैं सोता हूँ
होता हूँ सबसे जो मैं जुदा, उसकी पनाहों में होता हूँ
दुनिया में जो भी अलग है, लगता वो सबको ग़लत है
शिद्दत से आगे है ज़िद्द मेरी, और वो भी मुद्दत तलक है
स्याह तारा, स्याह तारा. . .'

39. गुरु घंटाल

काले-काले, मटियाले, हाथों से रग़ड – 2
आँख मींच के, दाँत भींच के, बीचो-बीच, बगड़
होजा-होजा, होजा-होजा, होजा – 2
ओए गुरु, ओए ओए गुरु, होजा शुरू, होजा शुरू – 3

रगड़-रगड़ के, कूट-कूट के, चूर-चूर हो हो के
भर-भर लौटा, पकड़ के सोटा, दूर-दूर हो हो के – 2

सुलगा के ग़म की चिलम, तोड़ के बुद्धि की कलम – 2

होजा-होजा, होजा-होजा, होजा – 2

ओए गुरु, ओए-ओए गुरु, हो जा शुरू, होजा शुरू
ओए गुरु, ओए-ओए गुरु, हो जा शुरू, होजा शुरू

डोडे खा ले, भसम रमा ले, सुरती, लगा लगा ले – 2
भोले की बूटी, आ चख ले, मन के, मैल मिटा ले
चख ले बन के बेशरम, दम लगा, मिटा ले ग़म – 2

होजा-होजा, होजा-होजा, होजा – 2

ओए गुरु, ओए-ओए गुरु, हो जा शुरू, होजा शुरू
ओए गुरु, ओए-ओए गुरु, हो जा शुरू, होजा शुरू
ओए गुरु, ओए-ओए गुरु, हो जा शुरू, होजा शुरू
ओए गुरु, ओए-ओए गुरु, हो जा शुरू, होजा शुरू

'गुरु घंटाल' गीत की कहानी काफ़ी हास्यास्पद रही। हम महादेव की भक्ति में लीन होते हैं, महादेव की आराधना करते हैं, तो सबको यह भ्रम था कि हम भाँग या नशीले पदार्थों का सेवन अवश्य करते होंगे। महादेव ने विष पृथ्वी का बचाव करने के लिए अपने कंठ में धारण किया था, किंतु मनुष्य अबोधवश इसे उनका प्रसाद मान ग्रहण करते रहे है. . . कई जन्मों का मादक हमारे भीतर है, और हम महादेव की भक्ति के नशे में हैं।

एक दिन जब हम अपने स्टूडियो कैलासा आ रहे थे तो हमारी नज़र एक दल पर पड़ी जो अपने हाथों के बीच धूम्रपान रगड़ कर उसका सेवन कर रहे था, उन्हें देखते ही गीत गुरु घंटाल की उपज हुई—

'काले काले मटियाले, हाथों से रगड़
आँख मींच के, दांत भींच के, बीचो-बीच पकड़
होजा होजा होजा होजा होजा होजा
ओए गुरु ओए ओए गुरु, होजा शुरू होजा शुरू. . .'

कैलासा की शैली में आध्यात्मिकता का होना अनिवार्य है, इसमें कुछ और शब्द यूँ जुड़े—

'सुलगा के ग़म की चिलम,
तोड़ के बुद्धि की क़लम
होजा होजा होजा होजा होजा होजा
ओए गुरु ओए ओए गुरु
होजा शुरू होजा शुरू. . .'

40. तुरिया तुरिया

तुरिया-तुरिया, तुरिया-तुरिया, तुरिया-तुरिया जा – 2
फ़रीदा-फ़रीदा. . .

काले मेंडे कपड़े, काला मेंडा, भेश – 2
गुन्ही भरेया मैं फिरया, लोग कहें दरवेश
फ़रीदा-फ़रीदा. . .
तुरिया-तुरिया जा. . .तुरिया-तुरिया जा. . . – 2
तुरिया-तुरिया, जा फ़रीदा, तुरिया-तुरिया जा
तुरिया-तुरिया जा. . .

बिरहा-बिरहा आखिए, बिरहा तू सुल्तान – 2
जिस तन बिरहा ना उपजे, सौ तन जान मसान
फ़रीदा-फ़रीदा. . .
तुरिया-तुरिया जा, तुरिया-तुरिया जा. . .
तुरिया-तुरिया जा, फ़रीदा तुरिया-तुरिया जा. . .

रूखी-सूखी खाय के, ठंडा पानी पीव – 2
देख पराई चूपड़ी, मत ललचावे जीव
फ़रीदा-फ़रीदा. . .
तुरिया-तुरिया जा, तुरिया-तुरिया जा
तुरिया-तुरिया जा, फ़रीदा तुरिया तुरिया जा – 2
तुरिया-तुरिया जा, तुरिया-तुरिया – 4

हमारे प्रारंभिक दिनों में महादेव की कृपा से हमें संत वाणियों के अत्यधिक अनुभव मिले, उन्हीं में से एक था 'तुरिया तुरिया'। ये संत बाबा फ़रीद के बोल हैं, जो हमको बचपन से ही बहुत आकर्षक लगते थे। गीत 'तुरिया तुरिया' के बोल भले ही हमारे नहीं किंतु इसके बोल ऐसे थे कि जैसे कोई महात्मा हमको दिशा-निर्देश दे रहे हों, कि तुम एक राही हो, एक यात्री हो, चलते चलो, बढ़ते चलो और जीवन की सीख अनुभवों से लेते चलो। चलते चलो, चलते चलो—

'रूखी सूखी खायके, ठंडा पानी पीव
देख पराई चूपड़ी, मत ललचावे जीव
फ़रीदा फ़रीदा, तुरिया तुरिया जा. . .'

गीत 'तुरिया तुरिया' *कैलासा* के प्रशंसकों को काफ़ी अच्छा लगा, आधुनिक युग में ऐसे गीत या इस तरह के पारंपरिक बोल किसी सीख से, पढ़ाई से कम नहीं। *कैलासा* के गीतों की शैली सदैव से आध्यात्मिक, एवं प्रभावी रही है। कभी-कभी अच्छा लगता है, जब *कैलासा* के गीतों से आधुनिक युग को भी परमात्मा का अनुभव होता है।

41. मम्मा

माँ, मेरी माँ
प्यारी माँ, मम्मा
हो माँ, मेरी माँ, प्यारी माँ, मम्मा

हाथों की लक़ीरें, बदल जाएँगी
गम की ये ज़ंजीरें, पिघल जाएँगी
हो ख़ुदा पे भी असर, तू दुआओं का है घर
मेरी माँ, मम्मा

बिगड़ी किस्मत भी, सँवर जाएगी
ज़िंदगी तराने ख़ुशी के गाएगी
तेरे होते, किसका डर
तू दुआओं का है घर
मेरी माँ, प्यारी माँ, मम्मा. . .

यूँ तो मैं, सबसे न्यारा हूँ
पर तेरा माँ, मैं दुलारा हूँ – 2

दुनिया में, जीने से ज़्यादा
उलझन है माँ. . .
तू है, कैलाश का जहाँ. . .
तू गुस्सा करती है
बड़ा अच्छा लगता है
तू कान पकड़ती है,
बड़ी ज़ोर से लगता है
मेरी माँ. . . मम्मा
मेरी माँ, प्यारी माँ, मम्मा

'मम्मा' केवल गाना मात्रा नहीं, कोई पद्य या कहानी नहीं, यह तो एक सहज भाव की नदी है, जो हमारे हृदय से उगी और अनवरत वेग में बहती रही। ऐसे नैसर्गिक वेग से कि आज भी हम इसमें सौ अंतरे और जोड़ सकते हैं, इतने गहरे रिश्ते जिसे केवल ईश्वर के समकक्ष सम्मान दिया जाना चाहिए, उसी पर आधारित गीत रहा 'मम्मा'। यह फ़िल्म *दसविदानिया* का गीत था, इस फ़िल्म में संगीत और गीत हमारे ही थे, परंतु फ़िल्म का गाना होते हुए भी यह फ़िल्म का कम और इल्म का अधिक बना, प्रत्येक मातृ दिवस (मदर्स डे) को यह गीत पूरी दुनिया द्वारा गाया जाता है। कोई भी हो, उसकी कोई भी पृष्ठभूमि रही हो, वह इस गीत पर धयानस्थ होकर नाच सकता है।

माँ रिश्ता ही नहीं, धर्म है—

'यूँ तो मैं सबसे न्यारा हूँ, और तेरा माँ मैं दुलारा हूँ
दुनिया में जीने से ज़्यादा, उलझन है माँ
तू है, कैलाश का जहाँ. . . '

हमारी माँ हमें 'जग से न्यारा' कहा करती थीं । सभी माँओं के लिए उनके बच्चे न्यारे ही होते हैं। हालाँकि माँ की गरिमा के गीत लिखने को शब्दकोश पर्याप्त नहीं। केवल भावनाएँ ही हैं, जिन्हें केवल महसूस किया जा सकता है।

42. सिद्धू S.I.D.H.U

ओ सपने देखे, बड़े बड़े
बड़ा ना कुछ भी, करना पड़े
बुझी-बुझी सी, रंगत जिसकी
उड़ी-उड़ी ख़ुश्बू

S.I.D.H.U
नाम है सिद्धू
नाम है सिद्धू – 2

ख़ुशियाँ-ख़ुशियाँ, ख़ुशियाँ-ख़ुशियाँ
खुशियों को भी
मुँह लटका के
बाँट रहा है – 2

मार के मन को, प्याज टमाटर, काट रहा है
पल में बनना बड़ा, चाहता है
पर बड़े काम से, भागता है

चाँदनी चौक का है, लड़का
लगाए, तड़के-पे-तड़का – 2
गली-गली हर नुक्कड़, उसके चर्चे हैं, हर सू

S.I.D.H.U
नाम है सिद्धू
नाम है सिद्धू – 2

डग मग, डग मग, कदमों वाला, सँभल गया
रात का चंदा, दिन का सूरज, बदल गया
अब वही है, मगर दूसरा-सा

आसमाँ है नया-सा, धुला-सा
बनके निकला है, बाज़ीगर
काँपते हैं दुश्मन, थर-थर

दिल का राजा, जोश का चीता
हिम्मत का जादू

S.I.D.H.U
नाम है सिद्धू
नाम है सिद्धू – 2

सिद्धू केवल गीत नहीं एक यात्रा है जो नायक के जीवन से संबंधित 'गागर में सागर' को दर्शाती है, शून्य से शिखर तक की कहानी को दर्शाता यह गीत 'सिद्धू' अत्यंत भिन्न शब्दावली के साथ बना था— जहाँ चाँदनी चौक के हलवाई का बेटा (नायक) क़तई अकर्मण्य (निकम्मा) होता है, परंतु स्वप्न एवं महत्वाकांक्षाएँ उसके बड़े होते हैं। परिश्रम वो करना नहीं चाहता— जो कि अधिकांश मनुष्यों की मानसिकता है, बिना मेहनत किए उनको बड़ा बनना है!

अचानक उसके जीवन में कुछ ऐसा घटता है कि वह शून्य से शिखर तक पहुँच जाता है। इस तरह की घटनाएँ सामान्यतः अनेक व्यक्तियों के जीवन से जुड़ी होती हैं।

चूँकि जीवन के प्रारंभ में हम सभी सामान्य होते है, किंतु हमारे लक्ष्य हमें असामान्य, असाधारण कार्य करने के लिए प्रेरित करते है, और हम भी दिल्ली से ही हैं तो इस गीत की काफ़ी स्थिति हमारे जीवन से भी उत्प्रेरित रही। जैसे—

'ओ सपने देखे बड़े बड़े
बड़ा ना कुछ भी करना पड़े
बुझी बुझी सी रंगत जिसकी
उड़ी उड़ी ख़ुश्बू. . .
S.I.D.H.U नाम है सिधु. . .'

प्रत्येक गीत का हमारे जीवन में अपना अलग महत्व रहा — कभी अनुभव, तो कभी घटनाएँ कभी दृश्य, तो कभी भावनाएँ इन्हीं कारकों ने *कैलासा* के गीतों को अलग पहचान दी।

43. अलविदा

जग सूना-सूना, ठहरा-ठहरा सा
मेरा सपना, अपना, गहरा-गहरा सा

सारे शहर की जगमग के, भीतर है, अँधेरा
हर मुस्कान के पीछे, छुपा हुआ, ग़म का चेहरा
यही है सच तो, हरपल को जी लूँ मैं, जी भर के
और हँस-हँस के ये कह दूँ, दुखों के, पत्थर से
अलविदा. . . अलविदा. . . अलविदा. . . अलविदा. . .

कोई वक्त के आगे, हारा-हारा सा
कोई प्यार में फिरता, मारा-मारा सा
दिल के रिश्तों में, क्यों दर्द हमेशा मिलता है
और क्यों काँटों पर ही फूल, सुख़ों का खिलता है

यही है सच तो, मैं इस सच को ही, अपनाऊँगा
मर भी जाऊँगा, तो मैं प्यार अमर, कर जाऊँगा
अलविदा. . . अलविदा. . ., अलविदा. . . अलविदा. . .
अलविदा. . . अलविदा. . . अलविदा. . . अलविदा. . .

ज़िंदगी ना मिल अजनबी बनके
बंदगी शामिल हर दुआ बनके. . .

‘अलविदा’ एक अत्यंत प्रेरणादायक गीत है, जिसमें जीवन की कठिनाइयाँ, परेशानियाँ, दुख जैसे भाव आते हैं तो सफलताएँ, सुख, प्रगति भी आती है । इस संदेश को दर्शाता यह गीत ‘अलविदा’ भी हमारे जीवन के कुछ मुख्य गीतों की सूची में शामिल है।

अलविदा फ़िल्म *दसविदानिया* का ही दूसरा गीत है। *दसविदानिया* का अर्थ ही अलविदा है जो कि एक रशियन शब्द है।

इस गीत के भाव हर मनुष्य के जीवन की स्थिति को किसी-न-किसी रूप में अवश्य दर्शातेहैं, जैसे कि जहाँ सुख है वहाँ दुख भी है, रोशनी है तो अंधेरा भी है. . . प्रकृति के स्वभाव की स्पष्टता को दर्शाता गीत **अलविदा** हमें लक्ष्य से कभी ना भटकने की सीख देता है। इस गीत के भावों की वजह से आज भी जो लोग इसे सुनते हैं व प्रेरणा दायक एवं भावनात्मक प्रतिक्रियाएँ देते है।

44. मुस्कुरा

आवारा राही, गुमशुदा
बनके क्यूं, घूमें लापता
मुस्कुरा मेरे दिल
ले जिंदगी का, मज़ा. . . – 2

धरती ये गोल-गोल, क्यों है जी
दुनिया में टालम-टोल, क्यों है जी – 2

चम-चमा, खिल-खिला, जग-मगा, ग़म भुला
सीख ले, खुश रहने की, अदा

आवारा राही, गुमशुदा
बनके क्यूँ, घूमे लापता
मुस्कुरा मेरे दिल
ले जिंदगी का, मज़ा. . .

कदमों को ज़मीं पे, टिकाता चल
जीवन तो धोखा है, तू खाता चल – 2
क्या भला, क्या बुरा, क्या खोटा, क्या खरा
इन सब में अटकेगा, तो जी नहीं पायेगा. . .

आवारा राही गुमशुदा, बनके क्यूँ घूमे लापता
मुस्कुरा मेरे दिल, ले जिंदगी का मज़ा – 2

‘मुस्कुरा’ कोई गीत नहीं बल्कि एक भाव है, प्रेरणा है, सूक्ति है, एक रहस्य है। जिस प्रकार मानव जीवन में सुख भी है और दुख भी है, यह मनुष्य के जीवन पर निर्भर करता है कि वह किसे चुनता है। जीवन की भावनाओं को इंगित करते हुए मानवीय जीवन की स्थिति को दर्शाता यह गीत ‘मुस्कुरा’ अत्यंत प्रेरणादायक रहा और इसके बोल रहे—

‘कदमों को ज़मीं पे, टिकाता चल
जीवन तो धोखा है, तू खाता चल
क्या भला, क्या बुरा, क्या खोटा, क्या खरा
इन सब में अटकेगा, तो जी नहीं पाएगा. . .’

‘आवारा राही गुमशुदा, बनके क्यूँ घूमे लापता
मुस्कुरा मेरे दिल, ले जिंदगी का मज़ा. . .’

45. चक लेन दे

हे नहीं तीर-तलवार, नहीं गोली, नहीं गोली
तू ख़ुद है तेरी फौज, तू ही टोली, तू ही टोली – 2

तारों को, पकड़ लेन दे
तेज धारों को, जकड़ लेन दे
आज फट्टे चक लेन दे, हो चक लेन दे – 2
हो-हो चक लेन दे, हाँ-हाँ चक लेन दे – 2
सूरज को तक लेन दे, ओ तक लेन दे
आज फट्टे चक लेन दे. . .

तेरी गुर्राहट, सिंह की दहाड़ है, दहाड़ है
सब ज़र्रा-ज़र्रा, तू पहाड़ है, पहाड़ है – 2

लहरों को जकड लेन दे, तूफ़ाँ को अकड लेन दे
आज फट्टे चक लेन दे, ओ चक लेन दे. . .
सूरज को तक लेन दे, ओ तक लेन दे
आज फट्टे चक लेन दे, ओ चक लेन दे

अब मौक़ा है कुछ ख़ास, दिखा जलवा, दिखा जलवा
मंज़िल ख़ुद आई पास, दिखा जलवा, दिखा जलवा – 2
साँसों को देहक लेन दे. . .
जज़्बातों को, महक लेन दे. . .
आज फट्टे चक लेन दे – 2

फिल्मों के गीत किसी न किसी परिस्थिति पर आधारित होते हैं लेकिन 'चक लेन दे' गीत कल्पना के परे एक ऐसे नायक की कहानी है, जिसकी यात्रा शून्य से शिखर तक की पहुँचने की सफलता बताती है ।

'चक लेन दे' एक पंजाबी घरेलू शब्द है यानी पंजाबी स्लैंग है। या यूँ कहें कि जब ट्रकों में सामान लाद दिया जाता है तो वहाँ इस स्लैंग का उपयोग करते हुए कहा जाता है 'फट्टे चक दे' अर्थात् 'लक्ष्य को पूरा होने अथवा पूरा करने का संकेत' और इस अभिप्रेरणा भरे गीत में वह नायक अपने इस सफ़र को कैसे तय करता है।

चुनौतियाँ, विषमताएँ, जटिलताएँ सभी के जीवन का हिस्सा होती हैं, किंतु हमारा लक्ष्य ही हमें साहस प्रदान करता है। हमारे प्रशंसक अकसर हमें यह कहते हैं कि हमारे गीत, हमारा लेखन, हमारी ध्वनि सब अलग हैं, एकदम विलक्षण। भले ही शब्दों में पौराणिकता हो लेकिन ध्वनि में आधुनिकता सदैव ही हमारे गीतों की पहचान रही है—

'नहीं तीर तलवार नहीं गोली,
तू ख़ुद है तेरी फ़ौज, तू ही टोली,
तारों को पकड़ लेन दे, तेज़ धारों को जकड़ लेन दे
आज फट्टे चक लेन दे. . .'

46. राजदाँ हमनवाँ
(तक धूम-धूम)

वहाँ तुझसे हो शुरू, जहाँ सबसे हो ख़तम
हर दफ़ा, हर घड़ी, हर जगह, हर क़दम – 2

पढ़ लिया, मेरा दिल, तो कहे, क्या ज़ुबाँ. . .
तक धूम-धूम, तक धूम-धूम
तक धूम-धूम, त ना ना – 2

राज़दाँ हमनवाँ, तू है दोस्त मेरा
रिश्तों से जुदा, रिश्ता है तेरा -2

झूठ भी जो तू कहे, सच से बढ़ के मान लूँ
जब तू गलती मान ले, तुझसे पहले जान लूँ – 2
तू भला या बुरा, तू गलत या सही
तक धूम-धूम, तक धूम-धूम, तक धूम-धूम
त ना ना-2

सबसे आगे तू रहे, पीछे तेरी मिसाल हो – 2
चाहे राहें हों जुदा, पर तेरा ही, ख़याल हो
चाहे मंजिल हों जुदा, पर तेरा ही, ख़्याल हो
सरहदें तोड़ के, हर हदें तोड़ के
तक धूम-धूम, तक धूम-धूम
तक धूम-धूम, त ना ना – 2

इब्तदा, इंतहा, तू जुनून मेरा, रिश्तों से जुदा, रिश्ता है तेरा
राजदाँ हमनवाँ, तू है दोस्त मेरा

रिश्तों जुदा, रिश्ता है तेरा. . .

यह गीत हमारे तथा राहत फ़तेह अली ख़ान जी की जुगलबंदी का पहला फ़िल्मी गीत है। विशेषता ये है, कि ये लिखा भी हमने और धुन भी हमारी, दोस्ती के ऊपर बना ये गीत जो भी सुनता है वो बहुत ही प्रसन्न होकर कहता है 'वाह क्या बात!'

यह गीत जब बनने वाला था तब किन्हीं सामाजिक गतिविधियों के चलते पाकिस्तानी कलाकारों का भारत में प्रवेश प्रतिबंधित हो गया था, परिणामतः इस गीत को हमने लंदन में राहत फ़तेह अली ख़ान से गवाया।

यह गीत दोस्ती की पराकाष्ठा को परिभाषित करते हुए दोस्ती की गहराइयों भरे रिश्ते को इंगित करता है। दोस्ती केवल वहाँ हो सकती है जहाँ प्रेम तथा विश्वास पनपता हो, इस गीत की पंक्तियाँ यही दर्शाती हैं कि–'राज़दाँ हमनवाँ तू है दोस्त मेरा, रिश्तों से जुड़ा रिश्ता है तेरा'

इस गीत के साथ हमारी कुछ भावनात्मक यादें भी जुड़ी हैं। इसकी कंपोज़ीशन भी हमारी ही रही इसलिए जुड़ाव अधिक रहा। वैसे भी सबके जीवन में कोई न कोई नज़दीकी दोस्त या रिश्ता होता है। जहाँ विश्वास होता है, वहाँ संपूर्ण समर्पण होता है—

'झूठ भी जो तू कहे, सच से बढ़कर मान लूँ
जब तू गलती मान ले, तुझसे पहले जान लूँ
तू भला या बुरा, तू ग़लत या सही
इब्तदा इंतहा तू जुनून मेरा,
रिश्तों से जुदा रिश्ता है तेरा. . .'

47. इश्क़ है इश्क़ है

आदम हव्वा, इस दुनिया में जब से, हाँ आए है
तब से लेकर, अब तक रब ने, ऐसे खेल खिलाए हैं

है ऐसी लाचारी, सब हारे जुआरी, इस जीत की हवस में
सबने बाज़ी हारी, यही तो इश्क़ है. . .
इश्क़ है, इश्क़ है, इश्क़ है, इश्क़ है

उफ़ ना करना, मरते जाना, इश्क़ है, इश्क़ है
ज़ख़्म खाना और छुपाना, इश्क़ है, इश्क़ है

दिल की दिमाग़ से, पानी की आग से, है तना-तनी
रंगो में राग से, ख़ुशबू में पराग से, है ठना-ठनी

तू पीछे-पीछे दौड़ रहा जिसके, सब माया है
इस दौड़ में, कितने आए, चले गए, क्या पाया है

कर करके बहाना, सब खोया ख़ज़ाना, क्या उसकी है मर्ज़ी
कोई भी ना जाना. . .
यही तो इश्क़ है, इश्क़ है, इश्क़ है. . .

इश्क़ है, इश्क़ है, उफ़ ना करना, मरते जाना
इश्क़ है, इश्क़ है, हो इश्क़ है, इश्क़ है

ज़ख़्म खाना और छुपाना, इश्क़ है, इश्क़ है. . .

जब से ये सृष्टि रची गई प्रेम, इश्क़, करते तो सब आए हैं पर किसी का इश्क़ पूरा नहीं होता, 'पूरण बस परमात्मा।'

जो अनवरत होता है, वो पूर्णता की ओर अग्रसर रहता है अर्थात यात्रा कभी पूर्ण नहीं होती। युगों-युगों से प्रेम करने वाले आते रहें हैं, आते रहेंगे। प्रेम के क़िस्से बनते रहे हैं, बनाते रहेंगे, यही तो इश्क़ है—

'इश्क़ है इश्क़ है
उफ़ ना करना मारते जाना, ज़ख़्म ख़ाना और छुपाना
इश्क़ है इश्क़ है'

48. दिलजानी

दिलजानी दिलजानी
दिलजानी जानी जानी हो ऽऽऽ
दिलजानी

तेरे ही सपने, मैं देखूँ, रात दिन
हो भले, प्रेम की, कितनी भी राह कठिन
तू है, तो है, हो सब मुमकिन

थोड़ा-थोड़ा धुँधला-सा, आसमान दिखे
बंद करूँ जो आँखें, मेरा चाँद दिखे

हो लेजा मेरा कलेजा, मेरी निशानी
ओ दिलदारा, ओ दिलजानी – 2

पागल हो जाऊँ ,ओ हो तेरे ही प्यार में
नाचूँ शरमाऊँ, ओ हो बीच बज़ार में

तू है, तो तर जाऊँ
हो के, मँझधार में

यूँ ही बिखरके, बादल
डगमगाने, लगे
पगले मौसम सारे, मुस्कुराने लगे

हो लेजा मेरा कलेजा, मेरी निशानी. . .
ओ दिलदारा, ओ दिलजानी – 2

हर गीत के पीछे कोई प्रेरणा, कोई संदर्भ, कोई घटक होता है, जो कल्पना की उपज का निमित्त बनते हैं, यह बात उस समय की है जब मुंबई के घर पर अमेरिका से कुछ प्रेमी आगंतुक आए हुए थे। घर के कुछ सदस्यों ने कहा 'ये जा रहे है, इन्हें अपनी कुछ निशानी तो दीजिए' तभी हृदय में एक बात आई कि वस्तु तो सभी देते हैं, निशानियों में, उपहारों में, 'आप मेरा दिल ले जाओ, मेरा कलेजा ले जाओ।' बस यहीं से मेरे महादेव ने पहली लाइन दी 'लेजा मेरा कलेजा, मेरी निशानी, दिलजानी।'

और उसके बाद गाना विमोचित होने से पहले ही, जो अंतरंग हृदय के निकट वाले लोग होते हैं, उनके मध्य चर्चित हो गया। 'दिलजानी' गीत की लूट विमोचित होने पहले ही मची हुई है, 'अपने लूटते बहुत हैं हृदय को!' हो न हो जब तक आपके हाथ में पुस्तक पहुँचे तब तक 'दिलजानी' जनमानस के लिए प्रमोचित हो चुका हो—

'पागल हो जाऊँ ओहो तेरे ही प्यार में
नाचूँ शरमाऊँ, ओहो बीच बाज़ार में
तू है तो तर जाऊँ, होके मझधार में
थोड़ा थोड़ा धुँधला-सा आसमान दिखे
बंद करूँ जो आँखें, मेरा चाँद दिखे
ले जा मेरा कलेजा, मेरी निशानी
ओ दिलदारा, ओ दिलजानी. . . . .'

49. राम ही पार लगावेंगे

अजी मैं तो राम ही राम, भजूँ री, मेरे राम
राम ही पार लगावेंगे
जल, थल, गगन, मंडल में राम
राम ही पार लगावेंगे

तन मोरा राम, मन मोरा राम
हो तन मोरा राम, मन मोरा राम
मोरा कण कण हो जी. . . राम-ही-राम
राम ही पार लगावेंगे. . .

बाहर राम, भीतर राम
हो बाहर राम, भीतर राम
मोरा रोम-रोम ए जी, राम-ही-राम
राम ही पार लगावेंगे

अजी मैं तो राम-ही-राम
भजूँ री मेरे राम
राम ही पार लगावेंगे
जल, थल, गगन, मंडल में राम
राम ही पार लगावेंगे. . .

जैसा कि इस गीत के नाम से ही प्रतीत होता है, यह गीत भक्ति तथा आध्यात्मिकता की उपज रहा। बाल्यावस्था में सभी बालक क़तई निश्छल अबोध होते है, उसी प्रकार हम भी थे। हमारी माता जी तब एक भजन गाया करतीं—

'राम नाम सुखदाई, भजन करो भाई, ये जीवन दो दिन का'

'हम उनसे निश्छल भाव से पूछते' 'माँ तेरी गणित ख़राब है, जीवन तो दो दिन का नहीं हज़ारो दिनों का है।' माँ हमें बालक समझ अनदेखा कर देतीं, तब हमें यह बात और भी चुभती।

जिस दिन राम मंदिर का निर्णय आया तो प्रभु श्री राम ने अपनी स्तुति जैसे हमारे हृदय में उपजाई, तब माँ का वो भजन भी याद आया और कुछ इस तरह 'राम ही पार लगावेंगे' के बोल बने—

'अजी मैं तो राम ही राम, भजूँ री मेरे राम
राम ही पार लगावेंगे
जल थल गगन मंडल में राम
राम ही पार लगावेंगे. . . . .'

50. अनादि अनंता

ना मन हूँ, ना बुद्धि, ना चित्त अहंकार
ना जिव्हा, नयन, नासिका, कर्ण द्वार – 2

ना चलता, ना रुकता, ना कहता, ना सुनता
जगत चेतना हूँ, अनादि अनंता. . .
जगत चेतना हूँ अनादि अनंता

ना मैं प्राण हूँ, ना ही हूँ पंच वायु
ना मुझमें घृणा, ना कोई लगाव
ना लोभ-मोह, ईर्ष्या ना अभिमान भाव
धन धर्म, काम, मोक्ष, सब अप्रभाव
मैं धन राग, गुणदोष, विषय, पर्यंता
जगत चेतना हूँ, अनादि अनंता. . .

जगत चेतना हूँ अनादि अनंता

ना पुण्य, ना पाप, सुख-दुःख से, विलग हूँ
ना मंत्र, ना जाप, ना तीर्थ, और यज्ञ हूँ
ना भोग हूँ, ना भोजन, ना अनुभव, ना भोक्ता
जगत चेतना हूँ, अनादि अनंता

ना मृत्यु का भय है, ना मतभेद जाना
ना मेरा पिता-माता, मैं हूँ अजन्मा
निराकार साकार शिव, सिद्ध संता
जगत चेतना हूँ अनादि अनंता

मैं निरलिप्त, निरविकल्प, सूक्ष्म जगत हूँ
हूँ चैतन्य रूप, और सर्वत्र व्याप्त हूँ
मैं हूँ भी नहीं, और कण-कण रमंता
जगत चेतना हूँ, अनादि अनंता

ये भौतिक चराचर, ये जगमग अँधेरा
ये उसका, ये इसका, ये तेरा, ये मेरा
ये आना, ये जाना, लगाना, है फेरा
ये नश्वर जगत, थोड़े दिन का है डेरा
ये प्रश्नों में उत्तर, हूँ निहित, दिगंता
जगत चेतना हूँ, अनादि अनंता

कभी-कभी हमारे हृदय में ऐसी कल्पनाएँ जन्म लेती हैं, कि हम ख़ुद स्तब्ध हो जाते हैं, और स्वयं से प्रश्न करते हुए पूछते हैं कि 'क्या यह भी भाव उपज सकते हैं?'। जैसे परमात्मा ही स्वयं इन गीतों का निर्माण कर रहे हों, 'अनादि अनंता' की कहानी भी कुछ ऐसी ही रही। एक दिन हमारे एक धनाढ्य मित्र ने हमें एक मैसेज भेजा जो कि ज्ञान से भरा हुआ था जैसे कोई उपदेश प्रतीत हो। हमने फॉरवर्ड मैसेज समझ कर हल्के में लिया। फिर उनका दूसरा संदेश आया कि क्या आप इस गद्य से हमें कोई गीत रच कर दे सकते हैं?

'हमें इस पर एक गीत बनवाना है।'

ईश्वर ने मनुष्यों को बुद्धि, गुण, कर्म करने की क्षमता के साथ साथ विवेक, प्रेम, दयालुता जैसे कई अन्य गुण प्रदान किए है जिनके होते हुए असंभव जैसे भावों का कोई स्थान बाक़ी नहीं रह जाता।

परमात्मा हमारे भीतर बैठकर हमारी ध्यानावस्था में, कुछ ही समय के भीतर छह अंतरों वाला गीत बनकर उभर गए ऐसे इस गीत की शाश्वत रचना हुई—

'ये भौतिक चराचर ये जगमक अँधेरा
ये इसका ये उसका, ये तेरा ये मेरा
ये आना ये जाना, लगाना है फेरा,
ये नश्वर जगत थोड़े दिन का है डेरा,'
ये प्रश्नों में उत्तर हूँ, निहित दिगंता,
जगत चेतना हूँ, अनादि अनंता. . .'